Dictadoras

Dictadoras

Las mujeres de los hombres más despiadados de la historia

El libro del programa de televisión
de Rosa Montero

Lumen
_____

ensayo

Dictadoras

Primera edición en España: diciembre, 2013
Primera edición en México: febrero, 2014

D. R. © 2013, Tranquilo Producciones

D. R. © 2013, Penguin Random House Grupo Editorial, S.A.
Penguin Random House Grupo Editorial, S. A.
Travessera de Gràcia, 47-49. 08021 Barcelona

D. R. © 2014, derechos de edición para México en lengua castellana:
Penguin Random House Grupo Editorial, S.A. de C.V.
Av. Homero núm. 544, colonia Chapultepec Morales,
Delegación Miguel Hidalgo, C.P. 11570, México, D.F.

www.megustaleer.com.mx

Comentarios sobre la edición y el contenido de este libro a:
megustaleer@rhmx.com.mx

ISBN 978-607-312-088-3

Impreso en México / *Printed in Mexico*

Dictadoras

Un vertiginoso rodaje de montaña rusa
Presentación

Si hoy estoy escribiendo esta presentación y ustedes tienen este libro en sus manos, es gracias al empeño porfiado e incansable de un hombre que es como una fuerza de la naturaleza (a ratos huracán y a ratos brisa), el productor argentino Eliseo Álvarez. De entrada, fue él quien tuvo la idea de la serie *Dictadoras*. Un vislumbre genial, porque hablar de algunos de los tiranos más conocidos del siglo XX a través de la visión de sus esposas, amantes e hijas, y del lugar que la mujer ocupaba en sus proyectos megalómanos, es poder ahondar en la historia europea desde otra perspectiva y ampliar la comprensión de las tragedias sociales por medio del análisis de las tragedias domésticas. Y es que, en efecto, hay una relación directa entre la pequeña historia de la intimidad y la gran y devastadora historia de las dictaduras.

Una profesora universitaria argelina me dijo hace ya tiempo que el nivel de libertad y civilización de un pueblo podía medirse de una manera muy precisa a través del papel que desempañaba la mujer en la sociedad. Es una observación muy atinada, que luego he podido comprobar innumerables veces. «Las mujeres, como las masas, están hechas para ser violadas», decía por ejemplo Mussolini, evidenciando a la perfección esa continuidad entre la vida pública y la privada.

Así que lo primero fue la idea, la estupenda idea de Eliseo Álvarez. Y después vino su tenacidad de gota china, su perseverancia de estalactita, para conseguir llevar el proyecto a cabo. Yo creo que tardé por lo menos un año en darle el sí. Porque nunca había hecho televisión antes y no me apetecía, y porque me sentía ya saturada con mi propio trabajo... Al final, aún no sé bien cómo, consiguió meterme en ese barco. Leímos muchos libros, comentamos, debatimos, intercambiamos ideas. Hemos contado, además, con los estupendos trabajos de base y la colaboración de prestigiosos historiadores especializados en los personajes de este libro: David Solar, Luis Reyes, Carlo Caranci, Paul Preston, Juan Carlos Losada...

Eliseo, siempre Eliseo, escribía el borrador de los guiones. Luego los revisábamos, los retocábamos, los cambiábamos incluso la noche antes del rodaje, ¡qué digo!, hasta cinco minutos antes de grabar... Me recuerdo muchas veces de pie en mitad de alguna calle, reescribiendo frenéticamente con un lápiz el fragmento de texto que un instante después iba a decir ante las cámaras.

Y es que lo que ha sido de verdad un descubrimiento para mí, un agotamiento mortal y una delicia ha sido el mes y medio de rodaje por Rusia, Alemania, Italia y España. Ya dije que era algo que nunca había hecho, de manera que de repente me encontré formando parte de un equipo compacto y en una especie de frenético viaje de montaña rusa. Sólo éramos cinco, contando a Eliseo y a mí. Los otros tres, jovencísimos y fantásticos profesionales, eran la productora ejecutiva Laura Vera, el cámara Federico Merea y, en la cámara de apoyo, Laura Casabé. Quiero decir que no éramos precisamente una megaproducción de la BBC, sino más bien una especie de grupo televisivo guerrillero.

Y, así, trabajábamos dieciséis horas al día, con un calor y un polvo aniquilantes que hacían que mi pelo pareciera en imagen un casco de estropajo (y, por supuesto, nada de maquilladoras, retoques ni fruslerías semejantes). Estábamos los cinco pegados los unos a los otros como piojos en costura: sólo nos faltó dormir juntos. Y, ¿saben qué? Fue formidable. Fue adrenalínico, divertido, aterrador. Fue algo muy parecido a mis tiempos de actriz de teatro independiente, cuando tenía veinte años: aquello también consistía en una convivencia muy cerrada dentro de un grupo muy pequeño, con un trabajo física y mentalmente extenuante y, al mismo tiempo, lleno de aventura y de emociones. Una vida agitada y feliz.

¡Y cuánto, cuantísimo aprendí! Con los libros que estudié, con las conversaciones que mantuvimos, con las aportaciones de los historiadores, con las entrevistas que hice (al singularísimo nieto de Stalin, por ejemplo), con los lugares increíbles que visitamos. Recuerdo momentos estelares: la visita al búnker de Stalin, cuando me senté en la silla del dictador en un despacho conservado exactamente tal cual lo dejó: espeluznante vértigo. O el mucho más siniestro búnker de Mussolini, oscuro y helador, un lugar sepulcral. Recuerdo también el rodaje ante la tumba de Stalin, en una zona del Kremlin que tiene prohibido el acceso. Nosotros habíamos conseguido un permiso de rodaje con gran dificultad gracias a la escritora y traductora Tatiana Pigariova, que nos echó una mano (todo era complicadísimo de gestionar en Rusia), y estábamos allí celosamente escoltados por un puñado de soldados con fusiles. Yo acababa de reescribir a mano, con retorcida letruja, el fragmento de guión que tenía que decir a cámara, y estaba intentando memorizarlo. Laura Vera, la productora ejecutiva, se me acercó y me dijo: «Tenemos quince minutos para rodar. Tranquila, hay tiempo, puedes hacerlo». Sudando de angustia (y de los cuarenta grados de temperatura que debía de hacer), me las apañé para aprenderme el texto con alfileres y grabarlo a la primera. Luego supe que en realidad sólo disponíamos de cinco minutos; Laura había ordenado a todo el equipo que me mintieran con respecto al plazo, porque si no sin duda me hubiera bloqueado. Así de buenos profesionales eran estos chicos.

Quienes han visto los documentales del programa habrán podido apreciar la belleza de las imágenes, el rigor del montaje, la solidez de la producción. Me parece increíble que un comando guerrillero televisivo haya sido capaz de conseguir ese nivel de excelencia. Y ni que decir tiene que todo el mérito es de ellos. Yo sólo fui una mera aprendiza. Y por cierto que poder aprender un oficio nuevo a mi edad me ha parecido un regalo de la vida.

Y así llegamos al libro, a este libro, que es el reflejo fiel de los programas y, por consiguiente, de la sabiduría de los historiadores, de las fascinantes participaciones de las personas a las que entrevisté, de los guiones hechos y rehechos mil veces, de las anotaciones tomadas con adrenalínica ansiedad a pie de cámara, de lo mucho, muchísimo que aprendimos todos, de lo que sufrimos y lo que nos divertimos.

Al releer el texto final para este libro, he vuelto a sentir la misma excitación, el mismo interés y la misma maravilla que experimenté mientras rodábamos. Este libro, y el programa del que sale son, como ya he dicho, una obra colectiva, y esa es otra de las cosas que me gustan de hacer documentales, por contraposición a la soledad absoluta de la escritura de una novela. Pero de entre todos los que han colaborado sobresalen dos personas: una, Eliseo Álvarez, que, como ya he dicho, es el verdadero padre de *Dictadoras*, y, la otra, Carlos de Elía, director periodístico de ARTEAR, que confió en el proyecto y nos dio alas, emitiendo los documentales en su canal Todo Noticias de Argentina. Sin ellos, no existirían ni la serie ni este texto.

ROSA MONTERO
www.facebook.com/escritorarosamontero
www.twitter.com/BrunaHusky
www.rosamontero.com

Mil veces defraudadas
Las mujeres del Zar Rojo

Estamos en Moscú, en las calles medievales del Kremlin, un sitio que tiene un poder evocador, incluso sobrecogedor. Aquí han sucedido durante siglos acontecimientos de una importancia crucial, no sólo para el devenir de Rusia, sino de todo el planeta. Es éste sin dudas uno de los lugares clave de la historia mundial.

Existen varias explicaciones sobre el significado original del propio término «Kremlin». En el siglo X se llamaba *Kreml* a la parte amurallada de una ciudad, y de hecho dos siglos más tarde se construyó aquí mismo un muro de tierra rodeado por un foso. Otras fuentes aseguran que el vocablo es de origen griego y procede de *Kremnik*, que significa «fortaleza», o de *Krom*, «límite».

Hoy el Kremlin es un conjunto de edificios religiosos y políticos, que ocupa alrededor de veintiocho hectáreas y que está rodeado por un muro de ladrillo rojo. Su diseño arquitectónico comenzó a gestarse en el siglo XIV, cuando el príncipe Daniel ordenó construir iglesias de piedra para sustituir a las antiguas de madera.

En esta ciudad dentro de otra, Iósif Vissariónovich Dzhugashvili, Stalin, gobernó el imperio comunista durante casi cuarenta años, forjando una de las dictaduras más crueles y salvajes de la historia. Hablaremos de las mujeres que lo secundaron y penetraremos en la intimidad de cada una de ellas, para intentar develar los misterios que rodearon al dictador y comprender cómo pudieron ellas enamorarse de un ser tan sanguinario.

Un tipo feroz en tiempos feroces

Stalin nació el 18 de diciembre de 1878 en Gori, Georgia, por entonces parte del Imperio ruso. Su madre, Ekaterina, muy religiosa y de carácter fortísimo, fue la primera mujer importante en su vida. Su padre, Vissarión Dzhugashvili, era un zapatero alcohólico y agresivo. Las peleas en la pareja eran frecuentes y muchas veces terminaban a los golpes. En ese ambiente de violencia permanente creció *Soso*, como llamaban a Stalin en el círculo familiar.

Cuando él tenía diez años, su padre se fue a vivir a Tiflis para trabajar en una fábrica de zapatos y en un momento dado intentó llevárselo para que aprendiese el oficio de zapatero. No puede precisarse si llegó a hacerlo, aunque si fue así la madre pronto lo recuperó pues *Soso* completó los estudios en la escuela parroquial en Gori con la mejor nota de su clase, lo que le valió una beca en el seminario de Tiflis.

La Catedral de San Basilio es el símbolo de la Iglesia Ortodoxa Rusa, que reúne a unos ciento cuarenta millones de fieles y cuyo centro religioso es Moscú. En ese templo pensaba la madre de Stalin cuando lo envió al seminario. De alguna manera la mujer intuyó el futuro de su hijo porque la ciudad fue el centro de esa cuasi religión que era la doctrina bolchevique, de la cual Stalin llegó a ser el representante máximo, un *Papa rojo* que convirtió el antiguo imperio de los zares en la Unión de Repúblicas Socialistas Soviéticas. Pero esas cosas ocurrirían mucho tiempo después.

Según la versión oficial, Stalin fue expulsado del seminario por sus actividades revolucionarias cinco años más tarde de haber ingresado, aunque la madre afirmaba que había sido por haber caído enfermo. Lo cierto es que Stalin era un elemento díscolo en el seminario, donde introducía libros marxistas. Efectivamente, dos años antes de su expulsión se había afiliado al Partido Socialdemócrata de los Trabajadores rama bolchevique dejando atrás la Iglesia Ortodoxa Rusa. Quienes lo conocieron por aquellos años aseguran que ya tenía las características personales que le acompañarían toda la vida, que al parecer eran una herencia materna: fanatismo extremo, destacada inteligencia natural y, sobre todo, elevada predisposición a la violencia.

Según el escritor español Luis Reyes Blanc, Stalin «era lo que se conocía como un mauserista, es decir, aquellos que llevaban debajo de la chaqueta una pistola alemana Mauser, unas armas grandes, pesadas y difíciles de manejar. Quienes las detentaban eran considerados muy viriles. Stalin, además, mezclaba en su personalidad el carácter clandestino de sociedad secreta rusa con la tradición del bandidismo caucasiano. Junto a su banda se dedicaban a asaltar bancos para financiar la acción revolucionaria con los botines obtenidos».

Stalin era un tipo feroz que vivía en tiempos feroces, un capo de matones, alguien que se caracterizaba por la ausencia de límites morales y por una tremenda rigidez mental. Por desgracia, en épocas de crisis la gente se siente atraída por personalidades como éstas, que ofrecen respuestas simples a problemas complejos.

Costumbres bolcheviques

Reyes Blanc explica algunas de las características de las familias bolcheviques: «El divorcio estaba mal visto porque suponía romper una familia revolucionaria. En cambio se admitía la infidelidad, tanto del hombre como de la mujer. Los bolcheviques eran una casta endogámica. Había que proteger la clandestinidad a la que obligaba la lucha revolucionaria, de allí esos comportamientos. Los casamientos se hacían entre ellos, con familiares de los compañeros de lucha. Así también se adoptaban los hijos de los camaradas muertos para protegerlos dentro de la gran familia bolchevique».

Stalin siguió la regla al pie de la letra. Sus dos esposas oficiales provenían de esas familias, y la última mujer que se le conoció, si bien era una criada, formaba parte del personal más cercano al líder y, por lo tanto, pertenecía también a ese universo. Asimismo, en los momentos en que estuvo desterrado en Siberia se relacionó con mujeres que integraban su entorno en esos parajes desolados.

Tuvo un hijo en Solvychegodsk con su casera, María Kuzakova, y dos más en Kureika con la adolescente Lidia Pereprygina. El primero murió a poco de nacer y al segundo no lo conoció nunca porque logró ser trasladado a una aldea más cercana a

Moscú, Áchinsk, donde vivió con una bolchevique también confinada allí, Vera Shveitzer. De allí partió, al enterarse de la caída del zar en febrero de 1917, hacia San Petersburgo, o Petrogrado, como se la bautizó después de la Primera Guerra Mundial.

Tuvo numerosas amantes bolcheviques o compañeras de éstos en la época anterior al triunfo de la revolución: Alvasi Talakvadze (hermana de bolchevique), Stefanía Petrovskaya (militante bolchevique pese a ser de familia noble, confinada en Solvychegodsk a la vez que Stalin), Polia Onufrieva (joven amante de un bolchevique al que había seguido al confinamiento), Serafina Khoroshenina (revolucionaria que también coincidió con Stalin en el confinamiento), Tatiana Slavinskaya (militante destacada de San Petersburgo, casada con un bolchevique judío) y Valentina Lobova (importante bolchevique).

Las amantes de Stalin fueron innumerables en esa primera época de pistolero, militante clandestino, asaltante de bancos desterrado en siete ocasiones a Siberia. Fue un tiempo de mujeres e hijos no reconocidos, que quedaron desperdigados por la historia.

Ludmila de acero

Destaca en esta época Ludmila Stal, una revolucionaria muy aguerrida seis años mayor que Stalin, a quien la policía zarista señalaba como bolchevique peligrosa. Stalin estaba tan impresionado con ella que tomó su nombre: en ruso, *Stal* significa «acero», por lo que *Stalin* sería «el hombre de acero».

Ludmila había estado muy próxima a Lenin, y en los momentos previos a la revolución trabajaba en el *Rabotnitsa*, periódico del movimiento femenino bolchevique que ella misma había cofundado, y también sería el contacto con los marineros de Kronstadt, el grupo revolucionario más decidido. La marinería rusa, que había tenido un papel destacado en la revolución de 1905, era un vivero de revolucionarios. Kronstadt —una isla situada a sólo treinta kilómetros de San Petersburgo— era la principal base de la Flota del Báltico, con una guarnición de doce mil marineros que en 1917 volvieron a adquirir un papel protagónico pues constituían un cuerpo militar muy disciplinado, bien armado y de ideología política izquierdista consolidada. Fue el crucero *Aurora*, procedente de Kronstadt, el que disparó contra el Palacio de Invierno en el inicio de la Revolución de Octubre, que llevó a los bolcheviques al poder.

Sin embargo, los marineros de la isla no eran bolcheviques, sino que pertenecían a otras fuerzas de la izquierda, social-revolucionarios en su mayoría y algunos anarquistas. Y en 1921 se rebelaron contra el totalitarismo de los bolcheviques en lo que se llamó «la revolución antibolchevique», pero fueron aplastados y duramente reprimidos.

Después del triunfo comunista, Ludmila cumplió tareas en el Comité Central y, antes de morir, en 1940, editó las obras de Stalin.

Dulcísima Kato

La plaza Roja de Moscú, considerada el centro emblemático de la ciudad, fue creada por orden de Iván III el Grande, abuelo del famoso Iván el Terrible. Su nombre proviene de *Krasnaya*, que significa «roja» pero que en ruso antiguo también quería decir «bonita».

Lejos estaba Stalin de imaginar que pasaría la mayor parte de su vida en este lugar cuando se casó por primera vez, el 16 de julio de 1906, con Kato, como se conocía a Ekaterina Svanidze, hermana de un compañero de estudios, frustrado seminarista y camarada en la lucha revolucionaria.

Todos recuerdan a Kato como una chica de veinte años de carácter dulce muy enamorada de Stalin. No era bolchevique, sino sumamente creyente. Reyes Blanc precisa que pese a no ser bolchevique cumplió con las características que se esperaba de las militantes: «Soportó estoicamente el difícil papel de una joven casada cuyo marido vivía en la clandestinidad, que no se preocupaba ni por ella ni por la casa o el hijo que tuvieron a principios de 1907. Stalin la abandonaba frecuentemente, y esas ausencias o retrasos eran vividos por la pobre mujer con auténtica angustia, pensando que en cualquier momento podían matarlo. Cuando Stalin, trabajador noctámbulo durante toda su vida, pasaba la noche fuera, al volver de mañana se encontraba con que ella no se había acostado, esperándolo con zozobra».

«Pese a darle esa mala vida matrimonial, Stalin amaba profundamente a Kato. Pero era radicalmente incapaz de tener consideración hacia nadie, de pensar en nada que lo apartase de sus elucubraciones revolucionarias, sus designios políticos, sus maniobras y estrategias. Kato dio a luz a Jacob, el hijo de ambos, y casi recién parida Stalin se la llevó a la ciudad de Bakú, donde se había convertido en el director de orquesta de la agitación en ese centro petrolero, y no atendió lo mal que le sentaba a Kato el tórrido clima de la región hasta que fue demasiado tarde. [...] De alguna manera la mató por descuido. Fue una pobre mujer enamorada, dispuesta a aguantarlo todo.» Momentos antes de que muriese, él le prometió un entierro cristiano.

La muerte de Kato dejó a Stalin en un estado de profunda depresión, que sintetizaría con las siguientes palabras dichas frente al cajón abierto: «Esta pobre criatura ablandó mi corazón de piedra. Ahora ha muerto, mueren con ella los últimos sentimientos cálidos que tenía hacia la humanidad». Para Reyes Blanc esta frase «resulta un reconocimiento estremecedor de su propio carácter, un anuncio escalofriante de lo que les esperaba al país y al movimiento comunista mundial bajo su dictadura absoluta». Y en el momento del entierro, se lanzó a la fosa para abrazarse al féretro y, ante el riesgo de que se suicidara, quienes le acompañaban le quitaron la pistola que cargaba.

«A su hijo Jacob —explica Reyes Blanc— lo abandonó primero en manos de su madre, y cuando muere ella lo deja con sus tías y sus abuelos. Es su segunda mujer, Nadia, la que le dice a Stalin cuando forman un hogar: "Vamos a traernos a tu hijo". Si no se le llega a ocurrir a Nadia, Jacob nunca habría ido a vivir al Kremlin con su padre, a quien prácticamente no había visto nunca. Así llega a Moscú un chico cuyo carácter suave y tranquilo era herencia materna. En un momento Jacob intenta suicidarse y se pega un tiro, pero no muere. Stalin lo mira con desprecio y le dice: "No has sido capaz ni de matarte, no sabes ni pegarte un tiro".»

Un romántico héroe medieval

Cuando Stalin vivió en Petrogrado después de la caída del zarismo, la revolución estaba en marcha y su vida se dividía entre
la redacción del periódico *Pravda*, del que era director, y las
reuniones en el Presidium o el Comité Ejecutivo de Petrogrado. Si le quedaba algo de tiempo lo pasaba con Ludmila Stal,
su antigua amante, que ahora detentaba un papel político más
importante y con quien había reanudado su antigua relación.

Al igual que Hitler, Stalin era un psicópata incapaz de con-
dolerse por el prójimo. Y su sentido del amor era perverso. Para
él las mujeres eran simplemente un espejo en el que mirarse
para magnificar su propia imagen. Necesitaba verse como un
héroe y reforzar así su narcisismo. Y ellas se adaptaban a ese
papel porque ese era un mundo en el que cultivar afanes y ambiciones personales resultaba difícil. Así, muchas decidían acercarse a la luz de un gran hombre para vivir su existencia.

Aunque Stalin era de estatura baja, y tenía un brazo defor-
me y la cara picada de viruela, no carecía de atractivo para ellas,
quizá por su aire de guerrillero aguerrido, de pistolero autor de
atentados, o tal vez simplemente por su brutalidad, porque hay
mujeres que sufren el espejismo de creer que, debajo de toda
esa ferocidad, se halla escondido un ser tierno y, lo que es peor,
incluso creen que ellas podrán rescatarlo.

Según Olga Romanovna, directora del Museo de la Casa
del Malecón: «Stalin gustaba mucho a las mujeres, sabía aparentar y echar humo con un tono romántico de hombre sufri-
do. "Uh, pobre, fue presidiario, pasó su vida en cárceles", "En

algún lado tiene un pequeño hijito en Georgia", "Su mujer Ekaterina Svanidze falleció muy joven". Todo un bandolero, un héroe romántico medieval. Y eso les gustaba».

Nadia, un amor trágico

Después del triunfo bolchevique, Stalin fue nombrado comisario de las Nacionalidades. María Kuzakova, que había sido su casera durante un confinamiento en la región de Arkángel, se había convertido en su amante y había tenido un hijo con él, Constantín, le escribió pidiéndole ayuda material, pero Stalin nunca respondió. Entonces la mujer viajó a Petrogrado y se presentó en la oficina de Lenin, donde trabajaba Nadia, quien finalmente consiguió una pensión para la madre del niño.

En abril de 1918 Stalin fue enviado a la estratégica ciudad de Tsaritsin, sobre el río Volga, a enfrentarse en la guerra civil con el Ejército Blanco, que alentaba restablecer el zarismo. Allí su figura cobró relevancia cuando consiguió derrotar al enemigo, por lo que la ciudad pasó a llamarse Stalingrado. A los dieciséis años, Nadia había sido secretaria de Lenin, y cuando marchó hacia Tsaritsin, Stalin se la llevó a ella y a su hermano mayor, Fiódor. Pero Nadia no iba sólo como secretaria mecanógrafa de Stalin, sino que además cuidaba de su ropa, de su comida y de su cama. Este papel subsidiario debería haber advertido a la muchacha de lo que le esperaba.

Nadezhda Alliluyeva, Nadia, había nacido en Tiflis el 22 de septiembre de 1901. Era la cuarta hija de un matrimonio revolucionario. Reyes Blanc explica que el padre, Serguéi Alliluyev, «siempre estaba dispuesto a dejar el trabajo y volcarse a la acción. Se convirtió en un bolchevique cabal, un profesional de la revolución dispuesto a sacrificar su vida por ella, curtido en peleas, interrogatorios y cárceles. Su madre, Olga Fedorenko, era de origen alemán, y no sólo era una belleza, sino una mujer con gran atractivo sexual y aficionada a ejercerlo. Con trece años se había fugado con Serguéi, que entonces era un pobre trabajador, provocando las iras de su padre pequeñoburgués».

Desde niña Nadia estuvo comprometida en aportar su esfuerzo a la lucha revolucionaria, pero siempre se sintió mortificada por el papel auxiliar, *femenino*, que le adjudicaban los dos hombres a quienes ella más admiraba en el mundo.

Olga Romanovna cree que «Nadezhda realmente fue una la única a quien probablemente él amó de verdad alguna vez. Y fue la única persona que le podía contradecir, que velaba por su propia dignidad. Alrededor la gente se torcía ante él, pero esa mujer no se dejó ni humillar ni corromper. A sus catorce años, siendo una adolescente, llevaba adelante a esa ridícula familia, digo ridícula porque su madre era muy enamoradiza, y con el grito "¡Quiero libertad! ¡Quiero vivir!" se ausentaba de la casa cada tanto con un nuevo amante. La niña asumía todas las responsabilidades, y no era fácil: debía calentar la casa con leña, conseguir carbón para la cocina, hacer las compras abonando con unos cupones, lavar, limpiar. Ella maduró muy rápido y le apareció muy temprano este sentimiento de responsabilidad. Después fue el romance con Stalin; Nadia lo amaba mucho, se enamoró de él y se entregó por completo a ese amor. Por eso su desilusión cuando se dio cuenta de que él no era lo que ella creía».

Romanovna recuerda que, «al momento de iniciar el romance con Nadezhda, Stalin tenía otra relación paralela con una maestra de Petersburgo. Así que era un hombre con mucho amor para dar a muchas mujeres, un vicioso; lo digo porque durante su presidio tuvo un romance con una nena de catorce años. Su complejo eran las jovencitas. Esa niña tuvo un hijo con él, mientras que él se escapó de ella. Dicen que su nieto vive en algún lado de Siberia, y que es muy buena persona».

Stalin, ¿una especie de tío bromista?

La libertad sexual era uno de los derechos de las primeras mujeres revolucionarias de aquella Rusia y ellas también compartían los mismos riesgos en la lucha que los hombres, aunque eso no significa que los bolcheviques no fueran machistas.

Stalin había sido uno de los amantes de Olga, la madre de Nadia; incluso se ha analizado la posibilidad de que fuera el padre de ésta, pero esa teoría se da por tierra porque los datos precisos indican que Stalin conoció a los Alliluyev cuando Nadia ya tenía tres años.

Uno de los hechos más curiosos en la vida de Stalin y Nadia ocurrió cuando el futuro dictador aún vivía con Kato en Bakú, donde en ese momento también residían los Alliluyev. Un día la pequeña Nadia estaba jugando en su terraza y cayó al mar Caspio. Stalin, que se hallaba en el lugar, saltó a las aguas y consiguió rescatarla salvándole la vida. Después de ese incidente Stalin y Nadia volvieron a verse cuando él tenía cuarenta años y ella diecisiete.

Tanto Nadia como sus hermanos —Fiódor, Pavel y Ana— se criaron en una casa —o casas, porque cambiaban de domicilio en forma permanente— que era un verdadero centro revolucionario. Allí se desarrollaban intensas reuniones políticas y también era un lugar al que acudían los camaradas a refugiarse de la persecución policial. No era raro que su padre desapareciera del hogar al ser buscado por las autoridades, o que regresara golpeado y lastimado tras los interrogatorios. Según Reyes Blanc esas circunstancias modelaron el carácter de Nadia, un carácter «abnegado, corajudo, tenaz, fanático en su ideología, pero con un déficit emocional y una inestabilidad que derivarían en patológicos. Lo necesario para ser una buena revolucionaria, pero no para llevar una vida feliz en familia».

Stalin fue una presencia habitual en la casa de los Alliluyev, a la que volvió en muchas oportunidades. Reyes Blanc explica que, «para los chicos, era una especie de tío bromista y divertido, que cantaba, hacía imitaciones y contaba chistes, y de quien se relataban proezas revolucionarias. Hoy nos parece mentira desde nuestra perspectiva a posteriori, pero Stalin se entendía bien con los niños, era cariñoso y comprensivo con ellos…, aunque fuera capaz de abandonar a sus propios hijos sin el menor escrúpulo».

Al hablar de su relación con Nadia, sostiene: «En 1917 ella estaba enamorada de él con toda seguridad, y probablemente también él de ella, y no hay duda de que consumaron su amor en 1918, cuando se vieron juntos en el frente de guerra, combatiendo a la contrarrevolución en la remota Tsaritsin, pues volvieron formando una pareja de hecho y se casaron en 1919».

Esposa fugitiva

La encantadora Nadia nunca quiso tomar provecho de tan relevante lugar que le había tocado en suerte. Más bien al contrario, cuando Stalin se adueñó del país ella fue muy democrática, incluso podría decirse que era tímida. Romanovna da clara cuenta de esto: «Por ejemplo, como le daba vergüenza que la vieran ir en auto a la academia donde estudiaba, pedía que la dejaran detrás de la esquina y hacía la última cuadra caminando. En la academia no se sabía que ella era la esposa de Stalin, era "Nadenka" para todos, una muy linda persona. Mi padre estudió con ella, en el mismo año pero carreras paralelas; él decía que era encantadora, muy modesta y amable. Participaba de todas las fiestas estudiantiles, bastante pobres para aquel período. Así era Nadezhda Serguéievna, bondadosa y cálida».

También era muy estudiosa, en especial teniendo en cuenta que había elegido una difícil especialización (Química). Preparar el examen de ingreso para la Academia de Industria fue un intento por luchar contra la frustración y escapar de la estrecha jaula de esposa del líder. Quería especializarse en fibras sintéticas pensando, con razón, que tenían un gran futuro, y con ello demostraba ser una auténtica bolchevique que rendía culto a la industria y a la tecnología. Únicamente el director de la academia, Nikita Khruschev, conocía la verdadera identidad de Nadia. Ambos se hicieron amigos y Nadia le llevó invitado a casa varias veces. Más tarde él asumió que esa amistad había sido «un billete premiado» que le había salvado de las purgas que cada tanto terminaban con la vida de miles de personas.

La relación de Nadia con Stalin tenía una nota trágica, ya que la joven debía callar y ocultar las constantes humillaciones, y aun el maltrato físico, a los que él la sometía. Finalmente se fue a vivir a la casa de su hermana Ana. Sin embargo, su cuñado, jefe de la NKVD, la policía política de Moscú, jamás consentiría mantener oculta en su casa nada menos que a la esposa fugitiva de Stalin. Nadia volvió entonces junto a él, aunque ansiaba el momento de terminar su carrera para poder huir de su lado llevándose a sus hijos.

La vivienda de Stalin y Nadia constaba de un amplio comedor, dos gabinetes y media docena de dormitorios. El de ella daba a los jardines Alexandrovski, mientras que Stalin solía dormir en una cama de campaña en un cuartito junto a su despacho, porque acostumbraba estar despierto hasta altas horas de la madrugada.

Para Reyes Blanc, «Stalin quería que su mujer fuese un ama de casa dedicada a él y al hogar, por lo que boicoteó su carrera político-profesional. Ahora bien, ese papel hogareño que le había reservado la persona que, poco a poco, se iba convirtiendo en el amo de la vida de todos los rusos era inaceptable para Nadia. La reacción ante esa situación opresiva fue enfermiza y se manifestó en un rechazo a sus propios hijos».

Nadia se fue alejando de Stalin «por razones sentimentales e ideológicas», expresa Romanovna. «Él la golpeaba, lo cual es muy humillante y no requiere comentarios. Y por otro lado, ella tenía una buena relación con su padre, un hombre muy digno, muy fiel al partido y muy modesto, que no había entrado al partido para sacar un provecho, sino que realmente creía en esos ideales. Nadia se desilusionó por dos motivos; el primero, desde el lado puramente femenino, porque el hombre que ella amaba la había defraudado. Por el otro lado, desde pequeña estaba comprometida con el partido, participaba de reuniones clandestinas, era su vida, su activa rutina, por lo que su desilusión fue muy trágica. Además, es mi punto de vista pero creo que así fue realmente, ella trabajaba en el secretariado de Lenin, donde la había ubicado Stalin en su momento conociendo su astucia y su visión para muchas cuestiones; pero no por casualidad, sino para controlar lo que ahí sucedía, ya que hubo momentos muy sensibles en cuanto a la posición de Stalin, hablo de 1920 y 1922. Tenía una situación bastante complicada, y para estar al tanto le ayudó a entrar a trabajar allá. Y creo que, cuando ella se dio cuenta de eso, o él le confesó el rol que en realidad estaba cumpliendo, ella se deprimió mucho. Desde su inocencia, Nadia quería sacarse de encima todo ese peso, esa suciedad y ese desastre. Era muy ingenua, y sus esperanzas también eran vanas ya que era presa de Stalin. No podía escapar de él».

Tras la boda en 1919, se establecieron en el Kremlin, y a partir de entonces las cosas no hicieron más que empeorar. La feliz comuna igualitaria fue dando paso al desaforado culto a la personalidad de Stalin, y la frustración de Nadia, que era una ardiente revolucionaria y que jamás pudo dedicarse a la política porque su marido se lo impidió, fue tornándose cada vez más intolerable y desgraciada.

El vestido negro

La relación se tornó enfermiza, eran una de esas parejas que se mantienen a través de un vínculo de amor y odio. A esto se sumaba que, cuando ella fue a estudiar a la academia, se vio confrontada con una realidad muy diferente y espantosa. Eran los años de la colectivización agraria, que causaron la muerte de diez millones de campesinos que eran pequeños propietarios de tierras. Nadia le contaba a Stalin lo que le decían sus compañeros de clase, tal vez como una manera de delación o quizá para fastidiarlo. En cualquier caso, esas murmuraciones fueron uniéndose a otros datos irrebatibles, y todo ello terminó convirtiendo a Nadia en una opositora de la brutal política de Stalin. Una de las escenas más descriptivas de esta situación se produjo cuando, en una de sus peleas, el dictador se encerró en el baño mientras ella le gritaba: «¡Eres un torturador, torturas a tu hijo, a tu mujer y a todo el pueblo ruso!».

El 8 de noviembre de 1932 Kliment Voroshílov, el militar favorito de Stalin, organizó una fiesta para celebrar un nuevo aniversario del asalto al Palacio de Invierno. Iba a ser un gran acontecimiento. Su hermano Pável y su esposa Zhenya le habían llevado a Nadia desde Alemania un vestido largo de fiesta, negro y con rosas rojas bordadas. Ella abandonó su estilo monjil y decidió usarlo para esa noche. También se arregló el cabello de forma más moderna, dejó de lado el moño que siempre la acompañaba e incluso se puso en la cabeza una rosa roja, que con su negro pelo imitaba el contraste de las rosas del vestido. Fue una decisión estética que sorprendió a los concurrentes.

Pero ni bien comenzó la celebración todo derivó en desastre. Stalin no hacía ni caso de Nadia y en cambio coqueteaba con una actriz muy bella llamada Galia Zekrovskaya, que les tenía a todos embelesados porque iba con un traje muy sexy y porque además tenía un largo historial de aventuras amorosas.

A medida que pasaba la noche, Stalin se iba emborrachando. Empezó a tirarle bolitas de pan a Galia, cosa que provocó unos celos terribles en Nadia, quien, para devolver las atenciones de su marido, salió a bailar con otros.

El clima se fue espesando hasta que en un momento determinado Stalin propuso un brindis. Nadia no brindó y él entonces le dijo: «Eh, tú, brinda», a lo que ella respondió: «A mí no me llames *Eh tú*». Acto seguido, se puso de pie y se marchó, momento en el cual los aduladores de Stalin aprovecharon la ocasión para criticarla.

Ella se dirigió al palacio Poteshny mientras Stalin se iba con una mujer a una dacha cercana a Moscú. Hay versiones que aseguran que Nadia llamó por teléfono al lugar y se enteró de la nueva infidelidad. Según contó Svetlana, su madre escribió una carta terrible para Stalin (una carta que después desapareció) y a continuación se pegó un tiro en el pecho con una pistola pequeña. Fue descubierta por el ama de llaves al día siguiente en medio de un charco de sangre.

Nadie se atrevía a despertar a Stalin para darle la horrible noticia. Y cuando éste se enteró se hundió en una de sus depresiones habituales, hasta el punto de que el hermano de Nadia y su mujer Zhenya tuvieron que acompañarle de forma casi permanente para disuadirlo de matarse también él. El hombre más poderoso de la Unión Soviética lloraba amargamente di-

ciendo: «No puedo seguir viviendo así, no puedo seguir viviendo así».

Cuenta Reyes Blanc: «Muchos le vieron llorar en su casa, e
incluso no podía contener las lágrimas en público, durante el
ceremonioso entierro de bolchevique —con escolta de soldados
del Ejército Rojo y acompañamiento de bandas de música—
que le dieron a Nadia, hasta el punto de que su pequeño hijo
Vasili se sintió en la necesidad de consolarlo cogiéndole la
mano y murmurando: "Papá, no llores"».

Por su carácter, Nadia representaba un peligro para Stalin,
asegura Romanovna. «No la podías obligar a hacer algo que ella
no estuviese dispuesta a hacer, era imposible. Por eso, qué iba a
hacer, ¿matarla? Aparentemente de alguna manera la llevó al
suicidio, o directamente él la mató tras aquella terrible última
noche, el día del banquete en el Kremlin... Pero ella ya sentía
mucha repugnancia de todo eso, además sabía que cuando él se
emborrachaba era horrible. Por eso le contestó: "¡No soy ninguna *Ey*!" Y él le tiró algo a la cara, no recuerdo si una cáscara
de naranja o un trozo de pan. Ella se levantó y se fue. Así que
ya era complicado lidiar con ella también, lo que determinó su
final tan trágico... Así era Nadezhda Serguéievna.»

Nadia vive

En los grandes almacenes de Moscú, hoy conocidos como
GUM, fue velado el cuerpo de Nadia. La versión oficial de la
muerte aseguraba que había fallecido de un ataque de apendi-
citis, pero la verdad sólo pudo develarse tras la caída de la

Unión Soviética, cuando se conoció la sentencia del informe original del forense, el profesor Krushner, que decía: «Hay un orificio de cinco milímetros encima del corazón. La muerte se produjo instantáneamente por herida abierta».

Para la historiadora Tatiana Pigariova, «el monumento funerario a Nadezhda Alliluyeva es posiblemente el más famoso del cementerio Novodévichi, que es el más importante de Rusia. La parte donde descansa Nadia había sido creada en 1898, pero después, en tiempos comunistas, allí sólo eran enterrados los soviéticos ilustres. Además, la lista de los posibles habitantes del cementerio la determinaba una comisión especial. Por supuesto que para Nadezhda se escogió un buen sitio, aunque es evidente que su suicidio era considerado no sólo como una traición amorosa, sino también política. ¿Cómo podía suicidarse la mujer del máximo líder?

»El monumento permite muchas lecturas. Primero, si vemos el texto escrito en el pedestal sobre el cual se halla instalada esta imagen tenue, clara, de la mujer tan bella, es realmente chocante. Dice: "Nadezhda Alliluyeva Stalina (1901-1932), miembro del Partido Comunista, de parte de Stalin". Punto. Creo que esta inscripción define la personalidad de Stalin mejor que cualquier tratado sociopolítico... Además, si observamos el monumento, una de las manos de Nadezhda, vista de frente, más bien parece la de un hombre estrangulándola. Si damos la vuelta y la miramos de lado, vemos cómo el pedestal evoca arenas movedizas que van ascendiendo a punto de tragar a esta frágil y tenue mujer. Realmente no es tanto un monumento a Nadezhda Alliluyeva, sino a toda una época. Ella es una joven cualquiera de los años treinta, siempre atenta a la presencia del peligro, de la muerte, porque nunca podía saber cuándo los coches negros de los agentes secretos vendrían por cualquiera y la detendrían».

Pigariova explica que de Novodévichi es el cementerio «más vivo del mundo». Esto porque, para la filosofía comunista, la muerte no era una cuestión en sí misma. «Un soviético actuaba y al morir ganaba un monumento en el cementerio en el que continuaba haciendo lo suyo, seguía trepando la montaña si era alpinista, o tocando el violín si era violinista, trabajando en los planos de los aviones si era ingeniero o dirigiendo un ejército si era general. Nadia aquí también nos sigue mirando; está viva.»

Respecto de su monumento hay versiones y comentarios disímiles. Según Ludmila Mars, directora de las Galerías Tretiakov: «Le solicitaron a Shadr, que en su momento ya se consideraba uno de los escultores más prestigiosos del país, que realizara el monumento para la tumba de Alliluyeva. Durante tres meses estuvo trabajando sin salir de su taller. Propuso varias ideas: la figura de pie, o arrodillada, y finalmente optó por transmitir un estilo antiguo. Además, él tenía muchas fotos de Alliluyeva, estaba maravillado con su belleza. Quería mostrar su "tristeza iluminada"; es que Nadia era una persona muy romántica, muy poética, maravillosa. Absolutamente todas las decisiones arquitectónicas de la obra fueron tomadas por él. Eligió una plazoleta, que debía ostentar una pileta con agua cristalina, un banco cubierto de rosas, y debajo una rosa partida hecha de bronce. Y entonces se decidió por el mármol blanco. El entorno para el mármol es agresivo, el mármol comienza a arruinarse, y en esos años, los años cincuenta, hubo varios actos de vandalismo, ya que era justo el tiempo de destronamiento de Stalin. Fue así que se tomó la decisión de salvar el trabajo de Shadr y se colocó una réplica».

Los ojos bien abiertos

¿Qué significa ser descendiente de Stalin en la sociedad rusa de hoy?

Su nieto Alexander Burdonsky refiere: «Si yo estuviera pensando en eso todo el día, seguramente sería como vivir otra vida. En realidad, vivo prácticamente sin pensar en eso, sólo voy de entrevista en entrevista, para televisión o cine, con quienes tengo que hablar de este tema, y hasta cierto punto lo que hago es sacar todo eso desde el fondo de mi alma. ¿Si es difícil? Por supuesto que lo es. […] Dice Chéjov en *La gaviota*: "Que sepas llevar tu cruz y tengas fe". Yo pienso en él con frecuencia, llevo mi cruz. Ahora está de moda una especie de antisovietismo, donde por supuesto entra la figura de Stalin. Pero yo considero que, por decirlo brevemente, para mí no es ni Dios ni el Diablo, es a la vez una gran persona y un hombre complicado».

Burdonsky explica cómo su padre le hablaba de su abuelo: «Decía: "Yo recuerdo a Stalin en los desfiles en la plaza Roja durante las festividades del día de la Revolución o del día de la Victoria, en mayo. Lo veíamos a lo lejos, hablando desde la tribuna". Pero lo que me contaba mi padre es que él era considerado el gran amo; era para nosotros lo que para los españoles representaría Felipe II, como un símbolo que existe por fuera de los límites de la casa. Mi padre le temía. No podía presentarse de repente o llamar e ir a ver a Stalin, necesitaba pasar por varias llamadas, varios ríos Rubicón para poder llegar hasta él. Por eso, me quedó la sensación para toda la vida de que Stalin estaba *ahí* y nosotros *aquí*».

«En cuanto a la imagen de mi abuela Nadia, que murió casi diez años antes de mi nacimiento —relata Burdonsky—, tenía más protagonismo en la casa. Además, sé mucho de ella por su hermana, Ana Serguéievna Alliluyeva, quien solía contar muchos detalles de ella y también de la gente que la conocía. Recuerdo además lo que decía mi tía Svetlana, quien también hablaba de ella. Por eso, si bien su imagen es trágica, en mi memoria es más humana que la de Stalin. Hasta recuerdo cuando nos trajeron del Kremlin un cofre con su ropa y, mientras mi mamá sacaba lo que había dentro, un sentimiento extraño recorría la habitación. Se sentía su presencia.»

«Dice Tolstói en *Ana Karenina*: "Hay tantas clases de amor como corazones". Y ella, cerca del final, sentencia: "Se han hecho todas las tentativas, pero la máquina se ha estropeado". Eso describe la causa principal de la muerte de Nadia. Ella vivía con los ojos bien abiertos; estudió en una academia industrial, viajaba en transporte público y no en automóvil, trataba con gente, veía lo que le pasaba a esa gente… Por eso yo, conociendo bastante acerca de ella, de su carácter, sus costumbres, de su gran bagaje cultural, acerca de su alma, si bien cerrada, pero para algunos abierta y cercana, en ocasiones trato de mirar a Stalin a través del prisma de la mirada de ella.»

Nadia fue una revolucionaria bastante puritana, que no se vestía para los hombres ni se ponía joyas ni perfumes, sino que lucía siempre trajes muy sencillos. Además era muy estoica: cuando nació su primer hijo no dijo nada y llegó caminando sola al hospital. Pero pese a su estoicismo, no consiguió soportar a Stalin, un hombre terriblemente mujeriego, que además la mortificaba e insultaba, sobre todo durante sus muy frecuentes borracheras. Entonces se transformaba en alguien no sólo muy grosero, sino además agresivo y violento.

Los amores de Svetlana

El primer hijo de Nadia se llamaba Vasili y nació en 1921; cinco años después llegó Svetlana, quien terminaría convirtiéndose en una de las mujeres importantes en la vida de Stalin. Además, por esa época fue a vivir con ellos Jacob, hijo de Kato, y siguiendo la costumbre bolchevique de adoptar a los camaradas caídos también Artion Sergreiv, el hijo huérfano de Tomas Sergreiv, un compañero muerto en la lucha.

En cuanto al rol materno de Nadia, Olga Romanovna la caracteriza como «una madre rigurosa, ya que tenía orígenes alemanes, por lo que propiciaba la disciplina dentro de la familia. Les enseñaba a sus hijos a ser ordenados, lo que no era fácil para ella porque Vasya, el mayor, era muy difícil de tratar. Hasta que un día, cuando el niño tenía cuatro años, Nadia admitió que no podía lidiar con él. ¡Imagínese! De todas formas, ella revisaba sus tareas, velaba por su educación. No era de esas mujeres que delegaban todo en las niñeras».

Luis Reyes Blanc caracteriza la forma de vida de la familia del dictador como «enfermiza en ese piso que habitaban en el palacio Poteshny. Era un apartamento bastante grande, pero un apartamento al fin. Ahí vivían todos juntos. Nadia fue una madre que no les demostraba amor a sus hijos. El padre sí lo hacía con Svetlana, pero maltrataba a sus hermanos».

Svetlana presenciaba ese maltrato permanente, y a los dieciséis años huyó del hogar. Había sido testigo también de la sucesiva desaparición de las tías y los tíos del círculo familiar. Es que, tras la muerte de Nadia, Stalin convocó a cinco de sus cuñadas para que vivieran en la casa, y ellas competían por su atención y consideración. Sin embargo, una a una fueron terminando en los gulags.

Reyes Blanc precisa que eran «en total cinco cuñadas, mujeres jóvenes, unas ambiciosas, otras entrometidas, disputándose el favor del todopoderoso Stalin, aprovechándose muchas veces de su parentesco. Las relaciones familiares estuvieron llenas de roces y discusiones, podían llegar a ser muy fastidiosas. Lo malo era que fastidiar a Stalin podía tener consecuencias trágicas».

Así, Svetlana «se buscó un novio que resumiera todo lo que más le molestara a su padre: primero que tuviera más de cuarenta años, además que fuera judío y finalmente, un artista bohemio. El resultado fue previsible: ese primer novio, por orden de Stalin, terminó en la cárcel».

El segundo amor de Svetlana también fue judío, Grigori Morózov, compañero de universidad. Stalin a regañadientes consintió que la pareja se casara en 1944, aunque nunca admitió al novio en su presencia. Tuvieron un hijo y se divorciaron en 1947.

Svetlana se casó en 1949 con Yuri Zhdánov, hijo de un jerarca. Tuvieron una hija y al año rompieron el matrimonio.

Al morir su padre, se convirtió al cristianismo y se bautizó en la Iglesia Ortodoxa. En 1963 quiso casarse con el comunista hindú Brajesh Singh, pero las autoridades no admitieron esa unión. Singh murió en 1966, y con la excusa de llevar las cenizas a la india Svetlana desertó, pidió asilo político en Estados Unidos y quemó el pasaporte de la Unión Soviética.

El norteamericano William Wesley Peters fue su tercer marido. Con él tuvo otra hija y a los dos años también hubo divorcio. Después la mujer vivió en distintos países. En desquiciado vaivén, renunció a los Estados Unidos y recuperó la ciudadanía soviética, pero luego volvió una vez más a Norteamérica. Murió en un asilo de ancianos en Wisconsin el 22 de noviembre de 2011.

Todo por el poder

En el gran mausoleo de la plaza Roja descansan los restos de Vladimir Ilich, Lenin, el padre de la Revolución bolchevique, quien tras su muerte, en 1924, había dejado las manos libres a Stalin para que se adueñara del poder absoluto y del control del país. Lenin había intentado impedir el ascenso del georgiano con ayuda de su mujer, Nadezhda Krupskaya, pero fue imposible porque Stalin astutamente recluyó a la pareja en una dacha muy lejos de Moscú. El resultado fue que los camaradas de la cúpula bolchevique nunca se enteraron de que Lenin no quería a Stalin.

En una carta que escribió desde la silla de ruedas en donde estaba paralizado y que quería mandar al XIII Congreso del Partido, Lenin decía entre otras cosas que Stalin había aumentado demasiado su poder y que no se sentía seguro de que lo utilizara con prudencia. Y proponía sustituirlo por alguien más tolerante y menos caprichoso.

No estuvieron libres de la brutalidad de Stalin ni sus seres más cercanos. Sus amigos íntimos, incluso sus familiares, todos ellos cayeron bajo la represión que repartía sin ninguna piedad. Sin embargo, al mismo tiempo hubo millones de personas que, por esas incógnitas del corazón humano y de la psicología de las sociedades, le adoraban y creían que él era el gran padre.

Delante de la tumba de Stalin, en la plaza Roja, vale la pena reflexionar sobre este personaje tan complejo. Paranoico y cruel, poco a poco fue creando un oscuro imperio. En realidad era como un zar feudal, era Iván el Terrible del siglo xx. Al principio predicaba el Paraíso, y cuando Nadia se enamoró de él, se lo creyó.

La versión oficial dice que Nadia estaba desequilibrada, incluso se habla de esquizofrenia y depresión, pero se diría que Stalin estaba mucho más desequilibrado. En realidad era un hombre mercurial, que sufría repentinas y paralizantes depresiones que le apartaban de la vida durante días y días.

La versión sobre los posibles problemas mentales de Nadia es desestimada por Burdonsky: «Es un absurdo, ella no sufría ningún tipo de desequilibrio, nunca se habló de ello en la casa. [...] Ella padecía una enfermedad bastante poco común, dolores de cabeza muy frecuente. [...] Podía parecer extraña o rara, y lo comprendo muy bien, teniendo en cuenta que fue la esposa de la persona más importante del gobierno de ese momento. Por ejemplo, ella tuvo a sus hijos en los hospitales más comunes, nunca solicitó ningún tipo de atención especial, nunca le preocuparon las vestimentas, las piedras preciosas, las mansiones. Nunca le preocupó su imagen como primera dama».

Al referirse a las acusaciones de maltrato que recayeron sobre su abuelo, Burdonsky sostiene: «No son del todo correctas, él tenía una manera especial de tratar, su cariño podría reflejarse así, con un pequeño golpe… o agarrar un teléfono y pegarle en la cabeza a alguien, seguramente duro, pero así era, sin sentimientos. Creo que las discrepancias ideológicas fueron la causa de que ella tomara a sus hijos y se fuera sin querer regresar, aunque entendía que no podría nunca esconderse de él, que para ese entonces ya era Stalin. Por eso tuvo que volver, porque, como ya dije, "hay tantas clases de amor como corazones", y mi abuela lo amaba a su manera, pero no lo podía cambiar, ni iba a intentarlo tampoco».

La empresaria rusa especializada en moda Ana Kleimans opina que «el rol de la esposa de Stalin era sin duda especial en la sociedad, por eso no se puede comparar con el prototipo de una mujer común. Su vida se parecía a la de un preso político y su tarea era quedarse a la sombra, no llamar la atención, y su forma de vestirse reflejaba precisamente su rol personal más que el estilo de aquel período. Sin duda, en el ambiente político de aquel entonces existían ciertos *dress code* vinculados prácticamente a las direcciones totalitarias del momento. Y si miramos a los hombres de la época, en todos ellos su ropa se parecían a los uniformes militares, mientras que las mujeres que los rodeaban eran modestas e imperceptibles sombras de esos hombres. Pero por otro lado había excepciones: las mujeres de los diplomáticos se vestían muy a la moda, ellas se compraban la ropa durante sus viajes al exterior y lucían con mucha clase. No se puede considerar a la esposa de Stalin como una mujer típica de aquel período teniendo en cuenta sólo su estilo».

«Durante la revolución nació una corriente artística que se reflejaba en la moda y difundía la cultura del proletariado, cultura de liberación de los estándares que iba en paralelo con las nuevas ideas, como el simbolismo, que irrumpía en todo su sentido global, o el cubismo. Sin enumerar todas las tendencias, la esencia es que ellas influenciaron y se reflejaron en la forma de la vestimenta. Y apareció toda una escuela en Rusia de la nueva moda liberal con las nuevas representaciones del estilo femenino. Pero en los años treinta, cuando empieza la represión por parte del gobierno de Stalin, esta evolución independiente de la moda se clausura y nace la concepción de la administración centralizada y, junto a ello, la moda dentro de la Unión Soviética se transforma, pasando a ser parte del plan económico.»

Zhenya y varias historias de crueldad

«Para el año 1928, los funcionarios de gobierno le habían tomado el gustito a la buena vida y creían que se la merecían —explica Romanovna—. Empezaron a aparecer ambiciones propias, deseos de una especie de exclusividad. Así surgió la intención de construir un complejo gubernamental. Pero como suele suceder, la gente con tanta ambición queda atrapada en ella. Esa casa, la Casa del Malecón, era una especie de trampa, en realidad una especie de cuartel. Cuando toda Moscú vivía en sótanos, y en una sola habitación se amontonaban entre quince y veinte personas, acá un departamento promedio tenía ochenta metros cuadrados y [los había] hasta de doscientos. Los muebles eran del Estado, no les pertenecían a quienes habitaban, por lo que si el inquilino ya no le servía al gobierno le eran negadas dos cosas tan valiosas para su vida: su trabajo y su hogar, [y] lo echaban también de esa casa, dejándole llevar sólo su ropa prácticamente en las manos, sin tener siquiera el derecho de llevarse un solo libro. Eso les recordaba de alguna manera a todos cómo tenían que comportarse. Así era ese edificio, adonde se mudó mucha gente, los funcionarios de gobierno, militares de rangos superiores. Los "viejos" bolcheviques no eran mayores, ninguno superaba los cuarenta y cinco años, pero eran los revolucionarios que habían participado en la guerra civil. Ese gran complejo que fue el Malecón prácticamente se vació para el principio de la guerra contra los alemanes, un tercio de su población fue arrestada, se suicidó o se exilió.»

Romanovna recuerda que, «cuando empezó el período de Terror Rojo, el gran terror de aquel tiempo, en el año 1937, el primer golpe fue a ese complejo. Las causas eran varias; una, y creo muy importante, que el propio Stalin sabía que al pueblo, lamentablemente, le gusta que sufra la gente conocida, la que tiene poder. Y aquí había varios, desde el ministro de Defensa hasta artistas famosos. Y segundo, cuando vuelan cabezas de personas de esa magnitud, esto impide a los individuos preocuparse de sus familiares cercanos, diciendo por ejemplo: "Mi tío Vasya, que es plomero, debe ir a la cárcel, porque mira cómo sufre la gente importante, no hay excepciones". Y por último, Stalin era muy rencoroso y vengativo. Podía estar recordando durante decenas de años quién, en qué momento y cómo lo había mirado, quién no lo había saludado, quién no acató alguna orden o lo trató con poco respeto. Y había muchos que no sólo se consideraban sus iguales, sino que se sentían por encima de él; se trataba de los "viejos" bolcheviques, que habían entrado antes que él en el partido y, cuando él recién era un simple funcionario, ellos ya eran muy importantes dentro de la organización, lo que a él también le molestaba».

«Como ya comenté, los departamentos de la Casa del Malecón eran realmente lujosos para los parámetros de ese período; el edificio parecía un palacio, tenían de todo: jardín de infantes, teatro, cine, supermercado, incluso un banco. Y los departamentos eran suntuosos, muchos tenían los techos pintados por maestros del Hermitage. Las cocinas eran pequeñas, de cinco metros, ya que se consideraba que no había tiempo para cocinar: había que dedicarse a la formación de una nueva sociedad. La cocina servía sólo para hervir agua o hacer un huevo frito. Allí ocurría algo que era horrible, muy feo; a la cocina se podía acceder directamente por un ascensor y lo usaba una persona encargada de sacar la basura para que los inquilinos no se molestaran. El nombre popular para la policía es "basura" y acá hay una especie de juego de palabras: […] en cualquier momento alguien podría venir a buscarte para secuestrarte. Entraban de noche por la cocina.»

Justamente en la Casa del Malecón vivían Eugenia Zemlianitsin, conocida como Zhenya, junto a su esposo Pável, hermano de Nadia. Zhenya era hija de un pope de la Iglesia Ortodoxa y había nacido en 1898 en Nóvgorod. Tenía treinta y cuatro años cuando entró en la vida de Stalin como su amante, poco después de un año del suicidio de su cuñada. Siempre se la veía bien arreglada, maquillada y perfumada, ataviada con vestidos y joyas que contrastaban con la austeridad del resto de las mujeres bolcheviques. Stalin apreciaba su sentido del humor; era una especialista en chastushka, poesía humorística tradicional rusa.

Para Reyes Blanc, Zhenya «es la única mujer que le planta cara a Stalin, en el sentido de que mantiene su personalidad y no se deja pasar por encima. No se deja pisar y Stalin tiene cuidado de no pisarla, porque Nadia tampoco se dejaba pisar pero él lo hacía... Zhenya se permite hacerle críticas políticas y él las admite, se permite criticarle comportamientos excesivamente autoritarios y señalarle que todos a su alrededor le consienten y le engañan. Zhenya se permite recomendarle libros, llegar tarde a los actos organizados por él, romper la etiqueta, cosas que a otras personas les costaba la vida».

Esta relación se había iniciado en 1932, y cuando en 1936 comenzó la Gran Purga, ésta alcanzó a Pável, pero no a ella. En cambio, relata Reyes Blanc, «sí la alcanza la represión que acontece después de la Segunda Guerra Mundial, en los años 1947-1948, cuando empieza la campaña contra el cosmopolitismo, es decir la persecución antisemita. Se armó la historia de una confabulación de médicos para asesinar a Stalin. Murió un alto cargo bolchevique y alguien dijo que lo habían matado a propósito, por lo que se organizó una caza de brujas contra los doctores judíos, que eran mayoría dentro de la élite médica. Zhenya en ese entonces estaba casada con un judío y tenía muchos amigos judíos. Intentó volver a utilizar su influencia con Stalin para ayudar a los perseguidos y terminó en la cárcel con la otra hermana de Nadia, Ana».

Volviendo a la década de 1930, Stalin pasó a controlar todos los resortes del poder en la Unión Soviética. Su mano derecha, Beria, se ocupó de transformar a la familia política de Stalin en sus víctimas favoritas. En varias ocasiones Zhenya le había montado escenas delante de Stalin. «¡Si este hijo de puta no me deja en paz le voy a romper las gafas!», llegó a advertirle Zhenya a Stalin.

Pero la represión fue implacable. Fueron detenidos el tío-padrino de Nadia, Abel Yenukidze, en 1936, y una de las cuñadas de Stalin, Mariko Svanidze, fue fusilada. En 1937, encarceló a su cuñado Aliosha Svanidze y su esposa María Korona, quienes fueron fusilados. Al año siguiente, el primer marido de Zhenya y hermano de Nadia apareció misteriosamente muerto en su despacho, envenenado. La propia Zhenya fue detenida en diciembre de 1947, acusada de pasar información sobre la vida familiar de Stalin a la embajada de Estados Unidos. Entonces intentó suicidarse tragando piedras. Luego fueron detenidas su hija Kira y Molchnikov, su marido judío, sin que le sirviera de nada haber colaborado en la vigilancia de su esposa, y Ana Alliluyeva, quien había publicado un año antes un libro de recuerdos que a Stalin le pareció un conjunto de indiscreciones relacionadas con su pasado —aunque lo que más le irritaba, en realidad, eran las alusiones a su defecto físico, el brazo izquierdo anquilosado—. Cuando intentó abogar por sus tías y su prima, la propia hija de Stalin, Svetlana, fue amenazada por su padre con acompañarlas a la prisión.

Stanislas Redens, el marido de Ana, alto cargo de la policía política, fue detenido y los suyos ya no lo volvieron a ver. Ana y su madre, Olga, fueron a casa de Stalin a interceder por su vida. Podía esperarse un gesto de benevolencia por la vieja amistad y camaradería, por la relación familiar o el recuerdo de la antigua historia de amor. El resultado de la reunión fue terrible: Ana comenzó a gritarle a Stalin, quien las echó del despacho. Redens sería fusilado un año después.

Antes de encarcelarla, Stalin intentó recuperar la relación con Zhenya. Utilizó de intermediario a Beria, quien llegó hasta la casa de la mujer y le propuso convertirse en ama de llaves de Stalin. Zhenya consideró que se trataba de una trampa de Beria y se rehusó a aceptar. Fue después de esa circunstancia cuando la cuñada de Nadia y antigua amante de Stalin se casó con el ingeniero judío Molchnikov. El dictador montó en cólera y a partir de entonces Zhenya, al igual que Ana, tuvieron prohibida la entrada en el Kremlin.

Stalin intentó atraer nuevamente a Zhenya cuando estalló la guerra y los alemanes estaban a tiro de piedra de Moscú. La convocó a su lado y le pidió que se hiciera cargo de los hijos y los llevara a Georgia. Zhenya volvió a negarse y Stalin nunca la perdonaría.

«Él arruinó mi vida»

Quien sí consintió el encargo fue Ana, la hermana de Nadia, pese a que él había mandado ejecutar a su marido. Svetlana Stalina explica en su libro *Rusia, mi padre y yo* que su tía Ana «era la encarnación de la bondad, del ideal cristiano consecuente, que lo perdona todo y a todos», y asegura que consagró su vida entera a ayudar a los demás. Es significativa la actitud de Stalin ante esa bondad natural, pues según su hija «siempre estallaba de indignación ante aquella actitud cristiana con que se perdonaba absolutamente todo; calificaba a Ana de mujer sin principios y boba, y decía que su bondad era peor que cualquier canallada».

Para Burdonsky, la frase de su tía Svetlana «él arruinó mi vida» no necesita mucha explicación ni prueba. «No sólo la vida de ella, aunque tampoco podemos decir que el culpable haya sido él: fue toda la situación en la que ellos vivían —tanto mi padre como Svetlana o mi mamá—, que en sí era muy complicada. Incluso yo tampoco vivo tan fácilmente como podría parecerse; cuando mencioné la cruz que todos llevan de alguna manera lo hice de manera literal. Ninguno de los que se relacionaron con Stalin, nadie de su familia tuvo una vida feliz. Tal vez el hijo de Svetlana, Yosef, que fue cirujano cardiólogo y profesor, con una carrera exitosa, aunque falleció muy joven. O yo mismo, que soy un director de cine conocido; pero no es para nada fácil, muchos quisieran que yo no fuera ni talentoso, ni lúcido, ni famoso. Lo que hace que la vida de uno tenga cierto toque dramático, por supuesto, y la de Svetlana más aún, porque estaba cerca de Stalin y él la quería mucho.»

Las últimas de las cuñadas de Stalin sobrevivieron al monstruo con quien tan íntimamente habían estado relacionadas. En 1953, a la muerte del dictador, fueron puestas en libertad. Cuando Kira, recién liberada también, fue a recoger a su madre a la Lubianka, la tristemente célebre sede del KGB en Moscú, Zhenya dijo: «¡Por fin nos ha salvado Stalin!». Una reacción que no se sabe si es más significativa como muestra de la ceguera del amor que aún albergaba el corazón de Zhenya o como evidencia de hasta qué punto el estalinismo lavaba los cerebros.

Aunque su hija Kira la llamara tonta y le explicase que si estaban libres era porque Stalin había muerto, aunque tres años después Khruschev en el XX Congreso del PCUS denunciara los crímenes del estalinismo, Zhenya mantuvo su lealtad hacia Stalin hasta su fallecimiento, en 1974.

Ana Nadezhda Alliluyeva había muerto antes, en 1964, sin recuperar del todo la razón, esperando siempre que regresara su marido. «En general, toda la familia Nadezhda Alliluyev era gente con un corazón bueno, gente humana, yo diría que cariñosa hacia las otras personas —considera Burdonsky—. Conocí muy bien a Ana Alliluyeva y eran muy parecidas. Hasta sus últimos días, siempre se preocupaba por agasajar, por estar pendiente de la gente. Podía levantar de la calle a un borracho y pedir un taxi para que lo llevaran a su casa. Una especie de altruismo. También era miembro de la Asociación de Literatura, y cuando nuestro gran poeta Boris Pasternak fue expulsado de ese organismo tras escribir *Doctor Zhivago* sólo hubo un voto en contra, el de Ana Alliluyeva. Eso habla de lo que son las personas.»

Bella y leal Valeshka

Cuando Alemania invadió la Unión Soviética Stalin cayó nuevamente en los abismos de la depresión. En junio de 1941 se retiró a su dacha, renunció a ejercer el mando y se aisló de la tremenda circunstancia histórica que vivía su país, esperando durante tres días que lo ejecutasen sus propios camaradas por incompetencia rayana en la traición.

En los años previos a la Segunda Guerra Mundial los soviéticos habían construido un búnker a diecisiete kilómetros de Moscú. Allí tenía su despacho Stalin y en ese lugar tomó gran cantidad de decisiones importantes para la historia del conflicto. Cuando los alemanes invadieron Rusia, en ese búnker permaneció durante tres semanas con sus generales sopesando qué hacer, si abandonar o no la capital. Finalmente, resolvió quedarse en Moscú y defenderla, una decisión clave para conseguir el triunfo sobre Hitler. Cuenta la historia que Stalin escogió esa opción después de leer a Mijaíl Kutúzov, un general mítico que había vencido a Napoleón en 1812. Otra versión señala que en esas angustiosas reuniones en el búnker, con los alemanes a pocos kilómetros de Moscú, los militares le aconsejaron abandonar la ciudad y cuando el dictador le preguntó a su ama de llaves y amante Valeshka si tenía todo preparado para irse y la joven le contestó: «Camarada Stalin, Moscú es nuestra madre, Moscú es nuestra ciudad, tenemos que defenderla». Él se llenó de emoción y de energía y dijo: «Así se habla», y se quedaron a defenderla.

Valentina Vasilevna Istomina, Valeshka, había nacido en 1915 en un hogar humilde, y comenzó a trabajar para Stalin cuando era muy joven. A pesar de ser una chica sin educación, era inteligente, prudente y muy laboriosa. Sin embargo, tal vez el rasgo más importante para Stalin era la lealtad que ella le profesaba. A tal punto que, después de la muerte de éste, y pese a los procesos de desestalinización, ella siempre defendió al dictador y respaldó todos sus actos.

Era una bella campesina, rubia y de ojos azules, poseedora de un cuerpo generoso que a Stalin le fascinaba. A medida que pasaron los años fue ganando la confianza del líder, algo que era importantísimo en el ambiente de paranoia que se vivía alrededor de Stalin. Por ejemplo, sólo Valeshka servía la mesa cuando el secretario general se reunía con jerarcas o personalidades del exterior. Si era preciso la ayudaban quienes participaban de la comida, pero no podía ingresar nadie más a la sala.

Reyes Blanc describe a Valeshka como «una criada, que a los dieciocho años se la llevan a servir a la dacha. Es una chica campesina, sin educación, sin formación, nada más que sus labores, con un físico atractivo y parece ser que de formas rotundas. A Stalin le gustaba físicamente, pero además él va teniendo sus años y ella lo cuida… Los hombres, cuanto mayores somos, más nos importa que nos tengan la sopa caliente… y la ropa preparada. Stalin apreciaba tanto estas cosas que cuando llegaban los visitantes extranjeros él les mostraba orgulloso el armario de la ropa blanca…Y les decía: "Mira qué bien ordenado lo tiene todo Valeshka…". Yo me figuro a Palmiro Togliatti, o Walter Ulbricht, o Zhou Enlai, allí mirando, y todos diciendo: "Por supuesto que sí, que la ropa está estupenda".

»Se repetía el patrón: lo que Stalin quería de las mujeres era tener un ama de casa que, cuando él volviera de sus actividades clandestinas o de sus reuniones con el politburó, le atendiera en todos los sentidos y no le diera problemas».

Cuando el georgiano murió, el 5 de marzo de 1953, en su dacha de Kuntsevo, Valeshka se arrojó sobre el cadáver y empezó a chillar, a gritar y a dar alaridos de pena y de dolor, con el convencimiento de que tenía todo el derecho a hacerlo. Y era verdad, porque ella fue la última mujer de Stalin.

Después de la derrota del nazismo, los medios periodísticos norteamericanos aseguraron que Rosa Kaganovich había sido la tercera mujer de Stalin, pero fueron rumores no confirmados.

Vera Davidova, mezzosoprano del teatro Bolshoi de Moscú, fue amante de Stalin durante diecinueve años, al menos así lo dijo ella en su libro *Yo fui la amante de Stalin*, pero de lo único que estamos verdaderamente seguros es de que hubo una mujer final: la fiel Valeshka.

Volvamos ahora a los años cuarenta y al búnker de Stalin. Vladimir Lukin, director del museo del búnker, explica: «Stalin estuvo trabajando aquí en noviembre-diciembre de 1941. Ese fue el momento más complicado, cuando las tropas alemanas se aproximaron demasiado a Moscú. Para este entonces, fueron evacuados el gobierno y el cuerpo diplomático, pero él se estaba quedando, desde aquí se estaba decidiendo el destino del Estado. Le preguntó entonces al mariscal Zhúkov: "¿Podremos evitar que tomen la ciudad?", quien respondió que sí, que podrían hacerlo, pero que la defensa no iba a dar ningún resultado, aunque un contraataque podría salvar la situación. Y le pidió a Stalin las unidades militares de reserva, que le fueron concedidas. Se les decía "divisiones siberianas". El búnker de Stalin tiene aproximadamente unos ochocientos metros cuadrados, pero todo el sistema posee varios miles de metros. Aquí llegan varios tipos de comunicaciones y caminos, desde aquí se puede acceder a la estación de subte. Fue un lugar muy importante, que servía para la seguridad personal del líder. Alrededor había tres aeropuertos militares, o sea que desde alguno de los tres él podía salir para cualquier destino. Había también un ferrocarril, y debajo de la tierra, un tren blindado que lo llevaba al Oriente. Por eso no es un asunto de bromas, la seguridad de Stalin era de la mayor relevancia. Imagínese que esta persona fue casi como Dios».

Los alemanes capturaron al hijo de Stalin, Jacob, que estaba peleando con el Ejército Rojo, y el dictador deportó a su nuera, porque cuando un soldado soviético era prisionero se castigaba a toda su familia. Stalin se negó a los canjes de prisioneros propuestos por los nazis, y el final de Jacob fue dramático: se suicidó dentro del campo de concentración donde se hallaba detenido.

Luis Reyes Blanc precisa que «esta actitud de Stalin demuestra su crueldad sin límites. Cuando detienen a su hijo, deporta a la mujer de éste; pero es que esto era lo habitual, es decir, cuando los soldados soviéticos caían prisioneros se deportaba a toda la familia. Las circunstancias de la invasión alemana eran tremendas. El Ejército Rojo pierde en un mes un millón de hombres, y cuando llegan al Molensko ha quedado reducido a la mitad de un ejército que era inmenso. Entonces Stalin toma una de esas medidas que decidía con absoluta frialdad, sin tener en cuenta los costes humanos. Se publica lo que se llama una orden, una especie de decreto ley que dice: "Todo soldado que se deje hacer prisionero será considerado un traidor a la patria… y su familia será detenida y tratada como la familia de un traidor". De cualquier manera, supongo que esta fue una medida que no pudo aplicarse a la totalidad de los familiares de los soldados rusos prisioneros, ya que ascendieron a cinco millones, pero lo que sí fue cierto es que a todos los trataron como traidores».

Ser hija de Stalin

Svetlana recordaba el poco amor que le brindaba su madre y el cariño que recibía del padre. Contó en su libro que Nadia jamás le hizo una caricia porque «temía que se me mimara en exceso, pues a mí, en verdad, ya me quería, me acariciaba y me mimaba mi padre».

Pero esos recuerdos cariñosos terminan a finales de la década de 1930, cuando la locura asesina de su padre hizo que fuesen desapareciendo las personas que la rodeaban, familiares y amigas, una a una en la paranoia que dominó a Stalin. Svetlana decía: «Yo había sido una mala hija, mi padre había sido un mal padre que, a pesar de todo, me quería, como también yo lo quería a él». Aunque, tras la muerte de su madre, «se inició un decenio durante el cual mi padre fue y procuró ser un buen padre», las relaciones entre ambos se deterioraron definitivamente cuando ella se hizo adulta. En su última entrevista, concedida pocos meses antes de fallecer, Svetlana dijo: «Mi padre me rompió la vida».

Burdonsky recuerda a su tía Svetlana, «con quien hasta sus últimos días nos hablábamos y ella venía a visitarnos antes de su viaje a los Estados Unidos y después tras su vuelta. Nos veíamos todo el tiempo. Svetlana guardaba recuerdos muy tiernos de la mamá, muy sentimentales. Y me parece que su carácter se parecía mucho al de mi abuela. Aunque todos los Alliluyev siempre decían que Stalin podía ser a menudo cariñoso, podía dedicarle tiempo a alguien, podía ser hasta gracioso, lo cierto es que Nadia no lo era nunca. Ella era una persona más bien seca, cerrada, muy prolija en todo, pero creo que… Hay varios tipos de percepción, diferentes maneras de percibir las cosas, y ella lo veía todo con una mirada trágica, sin importar las circunstancias. Dicen que fue una fiel comunista, pero no, no era así, aunque sí creía en algunos de los tantos ideales que promulgaba la revolución, sin importar si después tuvieron éxito o no.

Las personas cercanas a Svletana reconocen que todo lo que acontecía por fuera de las paredes de Kremlin, y que no respondía al ideal, a ella le dolía mucho».

Serguéi Brilev considera que «Rusia sigue siendo un imperio. Es el país más grande del mundo, y es inevitable que existan actitudes imperiales incluso en la conducta interna. Es un país de una tradición imperial, y por el tamaño sigue siendo una nación con un pasado y algunas costumbres de esa naturaleza».

El nieto de Stalin evita frecuentar a nostálgicos del estalinismo. «Yo trato con gente de mi círculo de artistas, gente de teatro, y con ello me basta. Por supuesto que hay mítines y extremistas estalinistas, siempre existieron y seguirán existiendo, es algo normal, pero yo paso de largo, no hago ni caso a todo eso. Si Stalin hubiera vivido más y yo me hubiera hecho adulto antes de su muerte, puedo asegurar que nunca lo habría defendido. Es un tema complicado y largo de hablar, un tema que me ha interesado especialmente en los últimos tiempos. Antes yo decía: "Que se vaya todo bien al diablo, que la gente haga lo que quiera, yo nunca fui seguidor de Stalin". Pero ahora están saliendo a la luz muchos documentos, y no sólo los que son condenatorios de Stalin, sino también otros, que describen el tiempo en que vivió y lo que le rodeaba. Empecé a entenderle más, y hasta comenzó a interesarme su tragedia como individuo».

Un pasado impredecible

Algo que llama la atención en estos tiempos es la alta consideración que tiene la sociedad rusa por la figura de Stalin. Tal vez la causa sea la nostalgia por un presunto pasado grandioso que muchos ni siquiera vivieron. Según Serguéi Brilev, «el comunismo era el imperio de los pobres. El imperio de los zares mataba a la gente. Stalin mató a muchos más, a millones, pero también es cierto que ese país del proletariado se hizo una gran superpotencia. Y para mucha gente, Stalin es eso. Significa un orgullo patriótico, y lamentablemente no se habla mucho de los millones que murieron, tanto en la Segunda Guerra Mundial como en la represión interna. Éste es un país, como decimos nosotros, con un pasado impredecible».

Brilev recuerda que, «en 2011, la televisión produjo un programa para que los televidentes decidieran quiénes habían sido los personajes más importantes de la historia de Rusia. El más votado fue el zar Alejandro, un santo, un tipo sagrado, alguien que en términos modernos podría catalogarse como fundador del Estado ruso. Pero Stalin salió segundo, porque yo creo que la mayoría de la gente lo considera menos un dictador que un estadista».

Al referirse a la añoranza de la población por los años de Stalin, Brilev señala: «Superficialmente hablando, se podría decir que, por razones inexplicables, son los mayores de cincuenta años los que hoy apoyarían la causa comunista y la causa de Stalin. Pero hay mucha gente joven que, sin darse cuenta, y aunque esto parezca demasiado agresivo, por incultura en términos generales no pondera lo ocurrido y sigue apoyando la causa. Y Stalin es para ellos un símbolo de esa Gran Rusia. Resulta lamentable, pero es un fenómeno que sigue existiendo.

»Nosotros emitimos por nuestro canal un programa dedicado al aniversario de la victoria en la Segunda Guerra Mundial.

Allí la gente ha intentado diferenciar ambas cosas: la victoria del pueblo de la dictadura. Y aunque esto es casi imposible, la gente las sigue separando por cuestiones ideológicas. Y es verdad que fue bajo el liderazgo de Stalin, como primer ministro, como comandante en jefe, que se alcanzó la mayor victoria de la historia rusa. El problema más complejo es que este país, a pesar de derrumbar en 1991 al socialismo, al comunismo, nunca ha pasado por lo que ocurrió en Alemania, que se juzgó a sí misma. Los alemanes se dieron cuenta de que Hitler y el nazismo habían sido [...] una ideología de delincuentes, pero aquí no pasó nada así. Lo que sucedió en este país fue algo parecido a lo ocurrido en Uruguay después de la dictadura militar, cuando decidieron que no iban a castigar a los militares ni a los organizadores de la lucha antisubversiva. Por un lado, gracias a Dios que fue así, porque se mantuvo la paz cívica. Por otro lado, eso significa que nunca hemos juzgado al comunismo como una ideología que asesinó a mucha gente, por no decir más».

Brilev se refiere a la visión que hoy existe del comunismo y del estalinismo y recuerda que, «en aquella época, los escolares éramos pioneros, así que cuando alcanzabas los nueve años te daban una corbata roja; era una cosa más social que ideológica. Cuando te hacías pionero, te organizaban una ceremonia en un museo histórico o un salón social. En mi caso la ceremonia coincidió con el aniversario de la victoria de las tropas soviéticas en la batalla de Moscú y nos mostraron un documental sobre el tema, un clásico que ha visto todo el mundo. Y ahí aparece Stalin en el balcón del mausoleo. Yo tenía nueve años así que no entendía qué era lo que pasaba, pero los adultos empezaron a aplaudir. Hubo mucha gente en ese cine que había perdido a sus parientes en el gulag, pero como la corrupción del régimen soviético era tan grande —era la época de Leonid Bréznev—, ellos veían a la dictadura de Stalin como un régimen de orden, y esa es la palabra que más se repite cuando se refiere a Stalin. Se trata de un fenómeno que hoy continúa ocurriendo».

El Infierno en la Tierra

Todos los dictadores son igualmente inadmisibles, pero si comparamos a los cuatro que estamos analizando, creo que podemos advertir ciertas características peculiares en cada uno de ellos. Mussolini era un violador, tanto de las mujeres como, metafóricamente, de las masas; Hitler era un genocida personalmente pusilánime, Franco un mediocre y un beato, y Stalin, simplemente un asesino.

Podríamos hacer asociaciones con el mundo de la música para reflejar con mayor claridad a cada dictador y a su régimen. Si comparamos a Hitler con una ópera ensangrentada de Wagner, a Mussolini con una opereta bufa y a Franco con un sainete, Stalin sería un cuento de terror gótico. Era Nosferatu y necesitaba la sangre de los demás para poder seguir viviendo.

Probablemente, la triste historia de Svetlana sea el mejor ejemplo de lo que significaba la convivencia con Stalin. En su conmovedor libro cuenta que, cuando tenía once años y ya estaba huérfana de madre, no entendía por qué iban desapareciendo uno tras otro todos sus queridísimos tíos y tías. Dice: «¿Por qué iba quedando vacía nuestra casa? ¿Adónde se habían metido todos? En aquel tiempo pegarse un tiro era bastante frecuente. [...] Una tras otra se suicidaban numerosas personalidades importantes del partido. [...] Los hombres desaparecían como sombras». Qué palabras tan tremendas. Dibujan efectivamente esa aterradora intimidad, que es una perfecta representación, en lo doméstico, del horror colectivo que impuso Stalin en su pueblo, en su país. Ese hombre que prometió crear un Paraíso en esta tierra y que acabó construyendo un cruel Infierno.

Envenenadas
Las mujeres de Hitler

Berlín siempre ha sido esencial en la historia europea: fue la capital del Reino de Prusia, más tarde la del Imperio alemán, luego la de la República de Weimar y a partir de la década de 1930 la del Tercer Reich, gobernado por Adolf Hitler. Después de la Segunda Guerra Mundial fue dividida entre las potencias vencedoras: Estados Unidos, la Unión Soviética, Francia e Inglaterra. En 1961 la Alemania comunista construyó un muro de hormigón que la partió por la mitad para evitar que los residentes en ese sector soviético pudieran fugarse a la zona occidental. En 1989, en medio de la disolución de la Unión Soviética y de los regímenes comunistas de los países de Europa oriental, el muro fue derribado y la ciudad y toda Alemania, reunificadas.

Berlín también fue testigo de la caída de Hitler, un hombre que se había convertido en sinónimo del Mal con mayúsculas al haber causado millones de muertes, de persecuciones despiadadas y de indecibles sufrimientos. El responsable de uno de los capítulos más crueles de la historia de la humanidad hoy nos parece un sujeto estrafalario y ridículo por su manera de hablar, su bigotito y su vestimenta, pero la realidad es que más de medio siglo atrás no sólo consiguió hipnotizar hasta el fanatismo a millones de personas, sino también ser amado por muchas mujeres. Ahora conoceremos de cerca esas pasiones.

Una madre muy dulce

Adolf Hitler nació en Austria el 20 de abril de 1889 en los suburbios de la ciudad de Salzburgo, en un pueblo llamado Braunau am Inn, en una casa que en la actualidad aún sigue en pie. Florian Kotanko, presidente de la Braunau Society for Contemporary History, explica que por aquellos años la vivienda era en realidad una posada, es decir que tanto en la planta baja como en el primero y el segundo piso se alquilaban habitaciones, y que el edificio, tal como era entonces, sigue siendo una propiedad privada.

El padre de Adolf, Aloïs, había llegado en 1871 a Braunau a trabajar como empleado en la aduana austríaca. Casado en tres oportunidades, tuvo varios descendientes legítimos y otros no reconocidos. De la unión con su tercera esposa, Klara Pölzl, nació Adolf, quien junto a su hermana Ángela fueron los únicos hijos sobrevivientes de la pareja.

La familia vivió un corto período en esta casa y al poco tiempo del nacimiento de Adolf se mudó a otra en la Linzen Strasse. (Es interesante destacar que en 1938, luego de la anexión de Austria al Reich, los dueños de la propiedad tuvieron que venderla al Partido Nacionalsocialista por pedido de su máximo jerarca, Martin Bohrmann. Y entre 1938 y 1945 fue reconstruida, utilizada como galería de arte y más tarde se convirtió en biblioteca pública.)

Adolf fue el cuarto de los cinco hijos que tuvo Klara. Tres de sus hermanos murieron siendo niños, por lo que creció mimado y obsesivamente protegido por su madre, tanto de las enfermedades infantiles como de los continuos enojos del padre por sus malos resultados escolares.

El historiador y especialista en la Segunda Guerra Mundial David Solar señala: «Lo primero que llama la atención acerca de Hitler es que fue un niño muy mimado por su madre. Klara había perdido varios hijos, le quedaban dos y trataba de tenerlos entre algodones. Así Adolf fue un niño malcriado y un estudiante bochornoso, al que su padre no sabía cómo meter en cintura. En la casa seguramente reinarían los bochinches habituales cuando uno de los padres trata de proteger al hijo y el otro de exigirle».

Solar precisa: «Se diría que Hitler había sido víctima de una madre arisca, maltratado por sus hermanas, zaherido por sus tías, rechazado por las mujeres de su entorno, humillado por una novia, fracasado en sus amores, burlado por el sexo femenino, abandonado por su amada... ¡Todo lo contrario! Tuvo una madre dulce y cariñosa que le cuidó y mimó en exceso; una hermanastra, Angela Raubal, quien le ayudó en los peores momentos y fue su fiel ama de llaves durante muchos años; una tía generosa, Johanna Pölzl, quien le auxilió con cuanto tenía para sacarle de sus apuros económicos».

Previsiblemente, al morir Aloïs no hubo capricho que Klara se ahorrase para que aquel niño estuviera contento, pese a lo cual nunca logró que se convirtiera en un alumno de provecho. Fue un mal estudiante en Linz, donde su familia residió durante su pubertad, y no pudo ingresar en la carrera de Arquitectura de Viena ni en la Escuela de Bellas Artes por no superar las pruebas de aptitud. Huérfano a los diecisiete años y con pocos recursos, se dedicó a una vida bohemia en Viena: pintor de postales, discurseador tabernario. Y se transformó en alguien a quien las mujeres apreciaron, financiaron, pulieron como hombre público e impulsaron en su escalada política: matronas pudientes que le quisieron por yerno, esposas dispuestas a traicionar a sus maridos, jóvenes enamoradas que se le entregaron generosas, mujeres que le quisieron hasta la muerte y millones de alemanas que le votaron y lo llevaron al poder.

Cartas de amor anónimas

En la primavera de 1906, mientras vivía en Linz, Hitler se enamoró de Stefanie Rabatsch, una muchacha a quien jamás se acercó para confesarle sus sentimientos. Fue un amor desesperado, imposible, que le hizo sufrir mucho: él tenía diecisiete años, poco dinero, no estudiaba y carecía de trabajo. Y se dedicó a escribirle poemas, los obvios y tópicos versos que se escriben a esa edad, tan desesperanzados como desprovistos de originalidad. Y aunque nunca llegó a enviarle esos poemas, sí le mandó una carta anónima en donde le pedía matrimonio. Sin embargo, Stefanie no pudo contestar porque desconocía quién era su enamorado.

August Kubizek, su gran amigo en aquellos años, intentó convencerle de lo absurdo de su actitud. Pero Hitler le contestó que si él se había enamorado de Stefanie era porque ella poseía una mente superior como la suya y que por lo tanto estaban unidos telepáticamente y la propuesta había sido recibida. Por supuesto que Stefanie nunca se enteró de la identidad del autor de semejante carta.

En los años de Viena (1907-1913) no se le conocen relaciones femeninas, a excepción de las familiares: en 1909, desesperado ante la miseria que le atenazaba, recurrió a su tía Johanna Pölzl, quien le envió cincuenta coronas para sacarle del apuro. Más importante sería lo que recibió al fallecer esa tía, tres mil ochocientas coronas, equivalente a tres años de salario de un oficial de infantería de la época, herencia que él se arregló en un principio para percibir completa aunque luego debió compartir con su hermana menor, Paula, tribunales mediante.

Uno de los fracasos de Hitler fue su intento de aprender a tocar el piano. Él especulaba que las instrucciones del profesor estaban destinadas a mentes inferiores, y aunque su madre le había comprado un buen instrumento, sólo tomó clases por un año y abandonó luego los estudios por considerar que el piano era incapaz de entender e interpretar sus geniales inspiraciones.

Tampoco se le conocieron historias amorosas con mujeres durante la Gran Guerra. Para sus compañeros de armas era un tipo excéntrico, malhumorado, que solía hacer comentarios antisemitas y nacionalistas que les tenían absolutamente aburridos a todos. Un misógino que no sólo evitaba a las chicas, sino que siempre les reprochaba a sus camaradas que se fueran con mujeres francesas y belgas.

Sublimaba la virginidad y la pureza femeninas, aunque hay quienes creen que pudo haber pasado por una extrema experiencia prostibularia durante el conflicto bélico. También se le atribuyeron relaciones homosexuales, pero no existe ninguna prueba ni documentación que apoye esa versión. Existieron rumores que afirmaron que había sido violado por un oficial, y también hubo quienes dijeron que tuvo un novio a lo largo de la guerra. Es muy posible que se trate de versiones más cercanas a la fábula, responsabilidad de divulgadores no interesados en la verdad de los hechos. «En cuanto a la sexualidad de Hitler —aclara Solar—, hubo mucho cuento y montaje del aparato propagandístico nazi. Se corrían chismes sobre su homosexualidad, y para contrarrestar lo hicieron aparecer como un protomacho al que las mujeres se rendían incondicionalmente. Los aliados motorizaban las versiones de homosexualidad, así como también la nota de que tenía antecedentes judíos, algo totalmente falso.»

¿Qué esperan de los hombres las mujeres?

Hitler alcanzó el grado de cabo durante la guerra. Cumplió funciones de enlace y fue condecorado con la Cruz de Hierro de primera clase. Fue herido en dos oportunidades, y en la última, luego de un ataque de gases, perdió la vista durante varias semanas.

Terminada la guerra vivió en una pensión humilde, y conseguía algunos ingresos ofreciendo conferencias y recibiendo ayuda de mujeres hipnotizadas por sus encendidas prédicas, su fuego nacionalista, su soledad, su excentricidad, su incipiente fama, su mirada y su aparente indefensión.

Solía opinar de las mujeres que «tienen una técnica: son primero muy amables para captar la confianza del hombre, lue-

go empiezan a tirar de las riendas, y cuando las tienen sólida-
mente aferradas hacen caminar al hombre como quieren».
Y agregaba: «Siempre dicen que quieren ponerse guapas para el
hombre al que aman, luego hacen todo lo contrario de lo que a
él le gusta. Se desviven para conquistarlo y después ya sólo son
esclavas de la moda y únicamente piensan en dar celos a sus
amiguitas».

«En el placer que una mujer siente al embellecerse se mezcla
siempre un elemento turbio, algo pérfido: suscitar la envidia de
otra mujer exhibiendo una cosa que la otra no posee. Ellas tienen el talento, desconocido en los hombres, de saber dar un
beso a una amiga hundiéndole al mismo tiempo en el corazón
un estilete bien afilado. Querer cambiar a las mujeres en este
punto sería candoroso. Acomodémonos a sus pequeñas debili-
dades. Y si para ser dichosas les bastan satisfacciones de este
género, ¡que por nada del mundo se les prive de ellas! Prefiero
verlas ocupadas así antes que entregadas a la metafísica. No hay
peor calamidad que observarlas en lucha con las ideas. En este
aspecto, el punto catastrófico lo alcanzan las mujeres que se
dedican a la pintura...»

Pese a estas estrafalarias y censurables ideas sobre las mujeres y a su evidente misoginia, Hitler siempre tuvo muy claro el
papel fundamental del sexo femenino en su escalada política.
Podría decirse que ellas fueron piezas clave en la estrategia elec-
toral del nazismo. En 1923 le dijo a un amigo: «¿Sabes que el
público de un circo es exactamente como una mujer? Quien no
comprenda el carácter intrínsecamente femenino de las masas
jamás será un orador eficaz». Y luego agregó: «Pregúntate a ti
mismo, ¿qué espera una mujer de un hombre? Claridad, deci-

sión, fuerza y acción; igual que las masas. La multitud no es sólo como la mujer, sino que ésta constituye el elemento más importante de un auditorio. Las mujeres toman la iniciativa: les siguen los hijos, y al final la familia arrastra al padre».

Ellas veían a Hitler como un ser providencial, un superhombre, un héroe. En sus veinte años de política activa recibió más de 150.000 cartas de sus admiradoras, quienes las remitían dispuestas a entregar todo lo que tuvieran, y muchas que incluso deseaban tener un hijo suyo o fantaseaban con su amor.

Una admiradora le escribía en septiembre de 1941 desde Bad Kreuznach, cuando la campaña de Rusia parecía encaminada a la victoria y el dominio nazi sobre toda Europa, inminente: «Mi querido Führer y fiel amor, deja que hoy te estreche contra mi corazón y, sobre todo, que te agradezca tu trabajo, tu esfuerzo y tu inteligencia. Por mi parte sólo puedo rezar por mi amado y suplicar al Señor por ti, amor mío, y por la bendición de tu gran obra. Todos tus esfuerzos y preocupaciones están dedicados a nosotros y nuestra hermosa patria».

Hitler definía así el universo femenino: «El mundo del varón es mucho más amplio que el de la mujer. Un hombre pertenece a su trabajo, a sus deberes, y sólo de vez en cuando sus pensamientos se entretienen en la mujer. La mujer puede amar mucho más profundamente que el hombre. El intelecto tiene poco que ver con ella».

Sin duda, la mentira funcionaba a la perfección en la sociedad alemana. Hitler decía sacrificarse por Alemania y vivía una vida noctámbula y bohemia; decía no casarse porque estaba casado con Alemania y en realidad tuvo varias amantes secretas. Su supuesta entrega célibe a la Patria estaba perfectamente ponderada. Lo expresó él mismo muy claramente: «Muchas mujeres se me arriman porque soy soltero. Eso fue especialmente importante en los tiempos de lucha. Es como en el caso de un actor de cine: cuando se casa, pierde para las mujeres que le adoran ese cierto atractivo y deja de ser su ídolo».

Solar advierte que «El problema fue que detrás de este megalómano estaba Alemania, que aun derrotada era una potencia extraordinaria. Allí Albert Einstein seguía dando clases, Thomas Mann escribiendo y Sigmund Freud haciendo diagnósticos. Era una enorme potencia económica, industrial e intelectual».

Mil rosas para Mimí

Corría el año 1923, y tras el fracasado intento de golpe de Estado del 8 y 9 de noviembre conocido como el *Putsch* de Munich o de la Cervecería (*Bürgerbräukeller*), Hitler fue llevado a la cárcel. El investigador Sjoerd de Boer recuerda que «en un sector de Munich donde hoy se levantan altos y modernos edificios, los habitantes de la ciudad y los turistas pasan de largo sin prestar mucha atención al lugar. Pero si miran al suelo verán que existe una placa recordatoria. Se trata de un área donde estaba la llamada Bürgerbräukeller, la legendaria cervecería donde Hitler daba sus discursos a sus partidarios y que fue un lugar decisivo en el crecimiento del partido nazi. Allí ingresaban miles de personas y desde ese lugar partieron él y sus seguidores la noche que intentaron el *Putsch* de Munich. Hitler y los suyos no pudieron conquistar el poder en ese momento, pero diez años después lo hicieron de otra manera: tomando la democracia».

El *Putsch* de Munich le significó poco menos de un año en la prisión bávara de Landsberg, pero también le dio fama internacional. Allí escribió la primera parte de *Mein Kampf* (*Mi lucha*), una recopilación de la confusa ideología expuesta en sus discursos, cuyos pilares eran la superioridad aria, el antisemitismo, el anticomunismo, la condena revanchista del Tratado de Versalles y el expansionismo «a costa de las razas inferiores».

Después de salir de la cárcel y en no más de nueve años Hitler reconstruyó el partido, eliminó a la oposición interna como asimismo a aquellos que consideró poco fieles a sus mandatos, recreó los grupos de choque de las SA y fundó las *Schutzstaffel* (grupo de protección), conocidas como las SS. Medio millón de individuos se afiliaron al partido, mientras que el gran capital lo apoyaba.

Durante esos años desplegó una actividad excepcional. Los mimbres sobre los que cimentó su éxito, según el gran periodista francés Raymond Cartier, fueron «una capacidad de aprehensión excepcional, unas extraordinarias dotes de imitación y, por añadidura, una de las memorias más prodigiosas de que haya estado dotado nunca un ser humano. Su mayor limitación intelectual era la incapacidad para concentrarse durante mucho tiempo en un trabajo o problema, algo que, con frecuencia, le convertía en superficial y restringía seriamente la feliz culminación de sus empresas. Entre sus defectos, detectados ya en su juventud, estaba el de ser un tergiversador nato, un manipulador de la verdad, un mentiroso».

Esto es tan claro que, tras haber conseguido eliminar de la escena política a comunistas y socialistas, se preparó a su gusto unas elecciones y, pese a no lograr en ellas la mayoría absoluta, se hizo con el poder porque fue designado canciller por el presidente Paul von Hindenburg.

«Una de las grandes habilidades de Hitler en los años de consolidación del nazismo —dice Solar— fue ensayar todo tipo de recursos y observar cuidadosamente sus resultados: si suscitaban interés, emoción, aplausos, indignación, ira, es decir, si el test resultaba favorable a sus objetivos, lo archivaba cuidadosamente en su prodigiosa memoria y lo empleaba después en el momento oportuno. Una de sus mejores bazas políticas fue la utilización de una serie de trucos escénicos, posturas corporales, expresiones faciales, miradas de diverso tipo (todo ello perfectamente ensayado ante el espejo) para conquistar a la mujer, y a eso unía los argumentos ya probados o las promesas más fantásticas y disparatadas: en las elecciones de abril de 1932, por ejemplo, llegó a prometer que si ganaba proporcionaría marido a todas las solteras alemanas.»

Luego de la reclusión de Hitler en la cárcel de Landsberg, llegó a su vida Maria Reiter, Mimí o Mitzi, nacida en 1911, quien fue su amante desde los quince años. Sus relaciones tuvieron distintas instancias. Después de los primeros encuentros se separaron y volvieron a verse muy poco tiempo en 1931 y luego en 1934. Solar afirma que él, en su momento, hizo lo imposible para que no se supiera de su trato con una menor, porque era algo que podría haberlo llevado a la cárcel, de donde hacía poco tiempo había salido en libertad.

En 1935, cansada de que la relación no se formalizara, Mitzi se casó con un oficial de las SS, quien murió en el verano de 1940 en Dunkerque. Al recibir la noticia, Hitler le envió a su amiga cien rosas rojas.

En la década de 1960 ella decidió contar su historia con el dictador y dio a conocer algunas de las misivas que recibía, en las que se leen amorosas confesiones: «Querida niña, me gustaría mucho tener tu gracioso palmito delante para decirte de viva voz lo que tu fiel amigo no puede escribirte. [...] Luego me gustaría tanto estar cerca de ti, mirarte a los queridos ojos y olvidarme de todo lo demás. Tu Lobo».

Mujeres de caderas anchas

En sus primeros años en la política Hitler sostuvo numerosas, discretas y efímeras relaciones sentimentales. David Lewis, el autor que más ha estudiado este tema, confeccionó el siguiente listado: Rose Edelstein, de origen judío, a quien se la ubicó por última vez en Francia en 1940; Jenny Haugh, de quien fue amante hasta que él convirtió la relación en sadomasoquista y ella se alejó; Eleonora Bauer, con quien existió el rumor no comprobado de que tuvo un hijo; Erna, cuñada de su protector y amigo Ernst «Putzi» Hanfstaengl, también anduvo en amores con el futuro Führer. A tal punto tuvo fama de conquistador que el diario *Münchner Post* publicaba, el 3 de abril de 1923, que era «un tenorio a cuyos pies se arrojaban las mujeres más ricas y hermosas».

Solar remarca que «le gustaban la escenografía y el montaje operístico. Por eso, en sus discursos, hacía una verdadera tarea actoral. Desde los primeros mítines en las cervecerías se daba cuenta de que el auditorio respondía a los hechos gestuales, no solamente al mensaje. Podríamos decir que montaba grandes arias políticas. Las mujeres fueron especialmente susceptibles a ese mensaje y al misterio de su indefinición sexual: aunque tenía amantes, emanaban de él muchos interrogantes y las mujeres le adoraron y fueron sus primeras contribuyentes en muchos sentidos: en votos, en dinero, en influencia, en trato social. Por ejemplo, él aprende a comer, a manejar un tenedor y un cuchillo, en las buenas mesas de las señoras de las clases altas».

Hitler tenía muy claro su gusto estético sobre las mujeres: las prefería exuberantes, con curvas pronunciadas, y admiraba los traseros voluminosos asentados sobre sólidas piernas. A finales de los años veinte le comentó a Göring mientras paseaban por el campo y contemplaban a unas campesinas trabajando: «Mira, sus posaderas son admirables. En esas estructuras pienso cuando hablo de la sana mujer alemana: de la madre de hombres perfectos».

Martha, la hija del embajador de Estados Unidos William Dodd, dio sus impresiones sobre Hitler, a quien conoció en Munich en 1933. Estas consideraciones quedaron reflejadas en el libro *En el jardín de las bestias*, escrito por Erik Larson.

Martha era una chica preciosa, alegre, desenfadada, que utilizaba faldas demasiado breves para el uso alemán de la época y carecía de escrúpulos a la hora de llevarse a la cama a un hombre apuesto. Según su compatriota William Shirer, corresponsal en Berlín del *New York Herald*, llamaba la atención en la Berlín nazi. Según ella, Hitler tenía «una cara débil y blanda, con bolsas debajo de los ojos, labios gruesos y poca estructura ósea facial. [El bigote] no parecía tan ridículo como en las fotos…, de hecho, casi no se notaba. […] Los ojos de Hitler eran sorprendentes e inolvidables…, parecían de un color azul claro; eran intensos, fijos, hipnóticos, [mientras que sus modales eran] excesivamente suaves, más propios de un adolescente tímido que de un dictador de hierro. Discreto, comunicativo, informal, tenía cierto encanto tranquilo, casi una ternura del habla y de la mirada. […] Era difícil de creer que este hombre fuese uno de los más poderosos de Europa».

Elsa, Gertrud, las dos Helenas y la nuera de Wagner

Conocidas también fueron sus amistades con las esposas de algunos de sus nuevos y ricos amigos, como Elsa Bruckmann, princesa rumana casada con el poderoso editor pangermanista Hugo Bruckmann; Gertrud von Sidlitz, que, además de ser la esposa de un industrial acomodado, disponía de una gran fortuna en acciones y propiedades en el extranjero, y Helena Bechstein, esposa del famoso fabricante de pianos Carl Bechstein, una firma de instrumentos acreditadísima porque habían sido los preferidos del gran Franz Liszt. Se trataba de un matrimonio por demás adinerado y dadivoso: Helena llegó a hipotecar sus joyas como garantía de un crédito de 60.000 francos suizos a favor el partido nazi. Y fueron los Bechstein quienes le introdujeron en el exclusivo mundo de la familia Wagner, en Bayreuth, corazón de los festivales dedicados exclusivamente al gran compositor alemán. A Cósima y Winifred Wagner, esposa y nuera del gran compositor, les produjo una impresión muy intensa, mientras que el hijo de Wagner, Siegfried, le consideró un «farsante arribista».

Hitler se sintió atraído por la joven Winifred, aunque su principal propósito era controlar el mundo wagneriano a través de ella. Pero se interpuso el testamento de Siegfried, que desheredaba a su viuda si ella volvía a casarse. De modo que no hubo boda, pero sí amistosas relaciones hasta el ocaso del nazismo. Según el testimonio de una hija de la mujer, hacia fines de 1931 su madre sostuvo extrañas relaciones íntimas con Hitler, quien solía colocarse boca abajo sobre sus rodillas para que le diera una azotaina, como las que alguna vez le había propinado su madre.

Solar explica que «a Hitler le hubiese gustado casarse con ella, sobre todo por la notoriedad social que eso habría significado. Cuando se analizan las relaciones que mantuvo, siempre se trató de mujeres poco relevantes. Si bien hubo cerca suyo muchas de la aristocracia, quizá ninguna le parecía tan interesante como podía llegar a ser la mujer del dueño de los festivales de Bayreuth, el hijo de Wagner».

Winifred dejó una nota sobre el estrafalario aspecto del líder nazi, que consigna Diane Ducret en su libro *Las mujeres de los dictadores*. Cuenta que «llevaba unos pantalones de cuero al estilo bávaro, gruesos calcetines de lana, una camisa de cuadros rojos y azules y una chaqueta corta azul sobre su flaca carcasa. Sus pómulos duros sobresalían de sus mejillas pálidas y chupadas; tenía los ojos azules y extraordinariamente brillantes. Parecía medio muerto de hambre, pero en él había algo fanático». Tan cautivada quedó por Hitler que el día del *Putsch* de Munich se la vio subida a una mesa de una hostería lanzando una arrebatadora soflama nazi y luego, tras el fracaso, declaraba a la prensa: «Los que estuvimos a su lado en los días felices seguiremos siéndole fieles en los días de la adversidad».

Ernst Hanfstaengl (Putzi) era un germano-norteamericano enorme, extravagante, rico, famoso anticuario y gran pianista, que podía hacer llorar a Hitler con sus interpretaciones; sin embargo, la que invitaba continuamente a su casa a aquel político aún en período de formación era Helena. Putzi habría conocido a Hitler en 1922, en las interminables reuniones que sostenía casi a diario en diversos locales muniqueses, como la hostería Bavaria o el café Heck, rodeado de su corte de corifeos, aduladores, guardaespaldas, mecánicos, politiquillos, periodistas y gente de la literatura, la música o el arte.

«Hitler —escribió Hanfstaengl— era un tipo narcisista, para quien la multitud representaba un sustituto de la mujer que parecía incapaz de encontrar. Para él hablar era una forma de satisfacer un deseo violento y agotador. Así, el fenómeno de su elocuencia se me hizo más comprensible. Los ocho o diez minutos de un discurso parecían un orgasmo de palabras.»

Geli, la prisionera

Una relación muy importante fue la que Hitler mantuvo con Geli Raubal, su sobrina. Solía vérseles juntos cenando en un restaurante de primer nivel o asistiendo al cine, al circo o la ópera. Las relaciones entre Hitler y su medio-sobrina nunca han sido bien aclaradas, pese a que todos los historiadores coinciden en que ella fue su gran amor. «Fue, por raro que pueda parecer, su único gran amor, lleno de instintos reprimidos, de arrebatos a lo Tristán y de sentimiento trágico», escribe Joachim C. Fest en *Hitler, una biografía*. «Él estaba enamorado de Geli, pero a su modo: quería, a la vez, poseerla y mantenerla a distancia. Ella era el adorno de su casa y las delicias de sus horas de ocio; su compañera y su prisionera», dice Robert Payne, autor de *Vida y muerte de Adolf Hitler*. «Su sobrina Geli le ha cautivado. No hace nada para ocultar al exterior el evidente afecto, lo cual es bastante significativo en este virtuoso de la simulación. Con el tiempo nace una auténtica pasión amorosa, o al menos la siente Hitler», apunta Hans B. Gisevius en *Adolf Hitler*. «Fuese la relación activamente sexual o no, la conducta de Hitler con Geli tiene todos los rasgos de una dependencia sexual fuerte o, por lo menos, latente. Esto se evidenció con muestras tan extremas de celos y posesividad dominante, que era inevitable que se produjera una crisis en la relación», juzga Ian Kershaw, el último gran biógrafo de Hitler.

Ella también quería a Hitler; estaba deslumbrada por su éxito, su fama, su dinero y por su escalada hacia el poder; pero quizá deseaba que la situación se oficializase, ser *la señora* de Hitler, exhibirse como la aspirante a primera dama. Y eso no podía tenerlo. Seguro que él le había planteado más de una vez su firme propósito de mantenerse célibe, lo mismo que había comentado a alguno de sus íntimos. El fotógrafo Heinrich Hoffmann, su mejor amigo de estos años al margen de la política, contó que Hitler le dijo en una ocasión: «Es verdad, amo a Geli y quizá podría casarme con ella; pero como bien sabe usted, estoy dispuesto a permanecer soltero. Por tanto, me reservo el derecho a vigilar sus relaciones masculinas hasta que descubra al hombre que le convenga. Lo que a ella le parece una esclavitud no es sino prudencia. Debo cuidar de ella para que no caiga en manos de cualquier desaprensivo».

Sjoerd de Boer dice que «el edificio de Munich donde Hitler vivió desde 1929 con su sobrina, Geli Raubal, es hoy una dependencia policial. Él residía en el segundo piso, y cuando Geli se instaló en la casa de su tío comenzó una trágica historia. Todos los que la conocieron aseguraron que era muy bonita, con mucha vida, alguien a quien le gustaba salir y divertirse, aunque también hay indicios sobre una actitud sadomasoquista de él que disgustaba a la joven. Pero Hitler fue más que sobreprotector, la fue atrapando en una red de la que la joven no podía escapar. Siempre había alguien del partido cerca de ella vigilándola y la casa se transformó en una cárcel».

El 18 de septiembre de 1931 mantuvieron una acalorada discusión, tras la cual Hitler se marchó de viaje a Nuremberg. Según Hoffman, Geli se despidió desde el balcón con absoluta normalidad; sin embargo, él se marchó con cierta inquietud: «No sé qué me pasa —le dijo de pronto—, tengo una sensación desagradable».

Esa noche, Geli dijo que tenía dolor de cabeza y se retiró temprano. En la habitación tomó la pistola de su tío, una pequeña Walther 635, la envolvió en una toalla y se pegó un tiro en el corazón. ¿Por qué los suicidas por amor se pegan habitualmente tiros en el corazón? ¿Será para no desfigurarse? El caso es que era una bala de pequeño calibre y no acertó. Pasó toda la noche agonizando y recién a la mañana los criados tiraron la puerta de la habitación y la encontraron muerta.

Fue enterrada en el Cementerio Central de Viena, y se dice que Hitler permaneció inmóvil frente a su tumba durante media hora con la mirada perdida. Al regresar al automóvil, dijo: «Ya es hora de continuar la lucha..., esta batalla terminará en un triunfo. Juro que así acabará». Aunque después del suicidio su estado de desesperación era tal que Hoffmann se las arregló para esconderle la pistola temiendo que también se quitara la vida. Durante esos dos días Hitler no comió ni durmió, consumiendo las horas en un interminable paseo de un lado a otro de su habitación.

Hitler era uno de esos hombres chapados a la antigua, un besador de manos, educadísimo, en lo personal casi un pusilánime, en resumen, un caballero de modo propio del Berlín señorial. Quizá radicaba allí el atractivo que ejercía en las mujeres, en esa mezcla entre la ardiente violencia ideológica y la blandura; era el héroe frágil, seda y acero, un individuo al que se idolatraba, pero que al mismo tiempo también se deseaba proteger.

Unity, otra carta y otra pistola

Cuando Unity Mitford tenía veintiún años, logró que sus padres la enviaran a una residencia de señoritas inglesas en Munich. Decía estar interesada por la cultura alemana, pero su verdadero propósito era conocer a Hitler, a quien espió con tenacidad. Para ello se instalaba en la hostería Bavaria, uno de los lugares favoritos del líder cuando visitaba Munich. Se trataba de una mujer insistente y bella, dos armas que utilizó para atraerlo. Y esto ocurrió el 9 de febrero de 1935, cuando el responsable del lugar se acercó y le dijo: «Al Führer le gustaría hablar con usted».

Por la noche, Unity escribió a su padre: «Éste ha sido el día más maravilloso y hermoso de mi vida. Me senté y hablamos durante media hora. [...] No puedo contarte todo lo que hablamos. [...] Le dije que debería venir a Inglaterra y respondió que le encantaría, pero que temía que hubiera una revolución si lo hacía». En aquella primera reunión le dedicó una tarjeta postal: «A *fräulein* Unity Mitford, como recuerdo amistoso de Alemania y de Adolf Hitler».

Unity escribió una carta a un diario en la que manifestó: «Como mujer británica fascista, me gustaría expresar mi admiración por usted. Llevo un año viviendo en Munich y leo *Der Stürmer* todas las semanas. ¡Ojalá tuviéramos una publicación como ésta en Gran Bretaña! Los ingleses no son conscientes del peligro judío. Nuestros judíos trabajan ocultos. Nunca salen a la luz, y por tanto no podemos mostrarlos al público británico en toda su auténtica miseria. Esperamos, sin embargo, que ustedes ganen pronto al enemigo del mundo, a pesar de toda su astucia. Imaginamos con alegría el día en que podamos decir con fuerza y autoridad: ¡Inglaterra para los ingleses! ¡Judíos fuera! ¡Con el saludo alemán, Heil Hitler! Unity Mitford.

»P. D. Si tienen sitio en su publicación para esta carta, les ruego que publiquen mi nombre completo. [...] Quiero que todo el mundo sepa que odio a los judíos».

El Reichstag, el Parlamento alemán, había perdido toda su influencia después de la llegada de Hitler a la cancillería en 1933, cuando empezaron a promulgarse una serie de terribles leyes antisemitas. Pero lo que se conoce menos es que Hitler también legisló contra la mujer, a la que de hecho se le prohibió acceder a una lista de profesiones, como la justicia o la abogacía. Es que Hitler era un machista, incluso un misógino.

Solar precisa que «Unity Mitford es un caso extraordinario, una aristócrata inglesa en cuya familia había de todo: notables escritoras, famosos fascistas, una heroína comunista. Hitler quedó fascinado con ella porque ella le hablaba de la situación política británica, de sus familiares, del fascismo inglés y de los partidarios que él tenía en Inglaterra».

Sjoerd de Boer explica que Unity Valkyrie Mitford «era una chica inglesa de clase alta, gran fanática de fascistas como Oswald Mosley en Inglaterra, Mussolini y también de Adolf Hitler. En su cuarto tenía fotos del Führer, como si se tratara de un ídolo de las adolescentes. Su primer intento no funcionó, pero en una segunda oportunidad logró relacionarse con él. A tal punto que la prensa inglesa llegó a especular con un posible casamiento entre ambos. La realidad fue que Hitler la utilizó con propósitos propagandísticos y como una manera de obtener una posible línea de llegada a Winston Churchill, con quien Unity tenía una relación».

Para De Boer: «ella realmente creía que Inglaterra y Alemania podían unirse y convertirse en "socios en el crimen"». Pero eso nunca sucedió, y el momento en que Inglaterra el 1 de septiembre de 1939 le declaró la guerra a Alemania luego de la invasión nazi de Polonia fue como una bofetada en su cara. El domingo 3 de septiembre, Unity fue al consulado británico y entregó una carta para sus padres; luego se dirigió a la jefatura del partido nazi y entregó un sobre voluminoso para Hitler, en el cual había varios recuerdos y una carta de despedida; después se encaminó a su parque preferido de Munich, el Englischer Garten, y se pegó un tiro en la sien derecha con una pequeña pistola de 6,35, regalo de Hitler. El proyectil penetró en el cráneo y quedó alojado junto al occipital, sin causarle la muerte pero dañando su cerebro para siempre.

Informado de inmediato, el Führer ordenó que Unity fuera atendida con todos los medios que existieran y que se guardara el máximo secreto en torno al asunto.

Fue internada en una clínica suiza, donde fue localizada por el espionaje norteamericano, de modo que la embajada pudo informar a la familia lo ocurrido con ella y su milagrosa salvación. En Navidad, finalmente, llamó por teléfono a su casa y les pidió a sus padres que acudieran a recogerla. Lo hicieron el 29 de diciembre de 1939 su madre y su hermana pequeña, Deborah, duquesa de Devonshire, quien dejó este testimonio patético: «Estaba totalmente cambiada. Tenía el pelo rapado y enmarañado y, por la herida, no podían lavárselo ni peinarla. Sus dientes estaban amarillos porque no se los había cepillado desde el disparo. No podía soportar que le tocaran la cabeza. Tenía una extraña expresión de ausencia, un aspecto patético, su memoria estaba muy deteriorada».

Cuando muchos años después le preguntaron a su hermana si Unity había tenido sexo con Hitler lo negó, pero aseguró: «Si él se lo hubiese pedido, no habría habido problema. No lo hubo porque sencillamente este hombre era sexualmente raro —considera Solar—, y sin embargo tiene un vínculo con Unity Mitford como no tuvo con nadie. Cuando Hitler estaba en Munich se veían prácticamente todos los días».

En las relaciones de Hitler con las mujeres se repiten dos constantes estremecedoras. Por un lado, le gustan muy jóvenes, casi unas niñas, rozando la pedofilia. Por otro, varias de esas muchachas siempre habían sido alegres y vivaces, pero se suicidaron o intentaron suicidarse por él. La primera fue Mitzi, aquella amante de quince años, que al parecer intentó quitarse la vida cuando Hitler la dejó por primera vez. Su sobrina Geli se mató, Unity se destrozó el cerebro y Eva Braun, que irrumpirá pronto en esta historia, intentó matarse dos veces, con una pistola y con somníferos. Es que Hitler era un psicópata, un vampiro que chupaba la alegría de sus jóvenes amantes hasta desquiciarlas.

Magda Göbbels, primera dama del Tercer Reich

Un personaje enigmático de la corte hitleriana fue Magda Göbbels, la mujer de Joseph, su ministro de Propaganda.

Cuando en 1933 Hitler llegó al poder Joseph Göbbels subió al Ministerio de Propaganda y, junto con ellos, también lo hizo Magda, de una manera subsidiaria y vicaria. La amistad con el Führer no hizo más que crecer y crecer hasta hacerse entrañable.

La boda de Magda y Göbbels se había celebrado en 1931 en una ceremonia wagneriana organizada por el director teatral Walter Granzow. Tuvo lugar en el pueblo de Severin, y en el altar de la iglesia, adornado para la ocasión con múltiples ramos de flores, figuraba la esvástica, sobre cuyo centro exacto se colocó un crucifijo. La novia lucía un traje de seda negra con un chal blanco de encaje de Bruselas que había llevado en la boda con su primer marido, el industrial Günter Quandt. En la fotografía del cortejo nupcial, Hitler, que fue el padrino, aparece tras los novios llevando de la mano a la madre de Magda. Harald, el hijo de la novia, ya de nueve años, caminaba junto a ellos, vestido con el uniforme de las Juventudes Nacionalsocialistas.

Siempre se ha dicho que Hitler estaba enamorado de ella, pero platónicamente porque hizo que se casara con su ministro. Para el Führer pudo haber sido una musa, una hermana, y el hogar de ambos un lugar adonde ir. A Hitler le encantaba la comida de la casa de los Göbbels y la compañía del matrimonio y de sus hijos, con quienes jugaba y para quienes era «el tío Adolfo». Después de las cenas Magda les obsequiaba un concierto de piano, instrumento que ella interpretaba muy bien. Göbbels además tenía una conversación fantástica, fascinante para Hitler, y entonces podían estar perorando hasta las tantas. Contó el ministro de Propaganda: «Magda se dormía con los pies sobre el sofá mientras Adolf y yo charlábamos y desmenuzábamos la situación en el mundo, en Alemania...». Magda podría calificarse como la esposa platónica y oficial, mientras que Eva era la amante. Así conformaron ellos ese extraño trío.

«Otra de las particularidades del matrimonio Göbbels era que Joseph volaba tras las faldas —explica Solar— y Magda muchas veces le era infiel como venganza, lo que hacía trastabillar a la pareja. Y en esos momentos Hitler intervenía llamándole la atención a su colaborador tratando de que el matrimonio se arreglara, algo que siempre conseguía. Lo cierto es que cuando los alemanes comenzaron a retroceder en todas las líneas y la guerra estaba perdida, el matrimonio Göbbels se unió mucho en la desgracia.»

Para la escritora e historiadora Heike B. Görtemaker, autora de *Eva Braun, una vida con Hitler*, «los celos entre Magda Göbbels y Eva Braun en realidad son un mito. Hasta donde yo sé, Speer era un íntimo amigo de Magda Göbbels y Eva Braun. Yo creo que no había rivalidad, porque Magda jugó un papel oficial, ella fue la primera dama del Tercer Reich, ya que Hitler no estaba casado, mientras que Eva, como su amante, no pudo desempeñar un rol público, así que debía esconderse durante las visitas del Estado».

Eva Braun, una rubia inocente

Hitler había conocido a Eva en 1929 en el estudio de su amigo y fotógrafo Heinrich Hoffmann, donde ella trabajaba como ayudante. A partir de entonces se vieron bastante, pero todos los indicios parecen apuntar a que se hicieron amantes apenas seis meses después del suicidio de la sobrina de Hitler, Geli. En ese momento Eva tenía veinte años, y Hitler, cuarenta y tres.

De Boer recuerda: «Heinrich Hoffman estaba siempre con él cuando se sacaba fotos y le decía cómo ubicarse. Eva era una de sus asistentes, y trabajaba aquí, en el local muniqués de Amalienstrasse, donde se vieron por primera vez. Cuando Hitler entró a la tienda de Hoffmann ella no sabía quién era, aunque él era ya casi famoso en la política en Munich y Alemania. Eva Braun salió a buscar cerveza y queso, y lo hicieron sentir cómodo. Luego de esto empezaron a verse más seguido».

La relación con Eva era clandestina, y al igual que Geli, ella permaneció cuasi secuestrada. La fotografía fue una de las pocas actividades que pudo desarrollar y era una buena fotógrafa. Con un teleobjetivo y desde una ventana registró a muchos de los grandes hombres que visitaban a Hitler, como por ejemplo el cardenal Eugenio Pacelli —quien luego sería Pío XII—, el Agha Khan, los duques de Windsor, el premier británico Neville Chamberlain y el ex presidente norteamericano Herbert Hoover, entre otros. Incluso produjo fotos y películas donde mostraba al líder como un hombre preocupado y agradable, material con el que hizo mucho dinero al vendérselo luego a Heinrich Hoffmann.

Görtemaker asegura que en su libro buscó «mirar detrás de los mitos y leyendas que siguen girando en torno a las vidas privadas de Adolf Hitler y Eva Braun. Es muy difícil juzgar acerca del costado emocional de la relación, porque las fuentes primarias son muy escasas. Hay algunas postales y cartas de Eva Braun y ninguna de Hitler, ningún documento privado que revele o ilumine la naturaleza de este vínculo tan particular, así que el problema es que tenemos que confiar en las palabras de otros y luego analizar qué dijeron, preguntarse quién dijo qué, por qué y cuándo».

Para Görtemaker, «Eva era tan culta como Hitler, quien vio en ella alguien de su entorno social. Tenían casi la misma educación, así que ella disfrutaba de la lectura, de la música, de las películas y del teatro tanto como él».

Al principio Eva se sintió muchas veces postergada, de ahí sus dos intentos de suicidio; pero después adquirió una relevancia en la intimidad de Hitler que ninguna otra mujer había llegado a alcanzar. Aunque él siempre la mantuvo al margen de su actividad oficial, Eva era la compañera de su vida privada y él le concedía múltiples caprichos: por ejemplo, viajó por Alemania, Austria, Noruega e Italia, donde fue agasajada por el conde Ciano, yerno de Mussolini y ministro de Asuntos Exteriores, quien la llamaba «la bella rubia». Eva disfrutaba mucho esquiando en invierno, nadando en verano y haciendo gimnasia y excursiones por la montaña durante todo el año. También le gustaba beber y fumar —con gran enfado de Hitler, que era vegetariano y abstemio—, y sobre todo bailar y lucir hermosos trajes.

Solar considera que los intentos de suicidio de Eva Braun fueron calculados. «Buscaba atraer la atención de Hitler, que había quedado muy conmocionado con la muerte de su sobrina. Pero finalmente Eva logró su objetivo y con creces, porque fue a la muerte con él en Berlín, aunque yo no creo que haya tenido un objetivo relacionado con la trascendencia histórica, porque se trataba de una muchacha de un pensamiento muy elemental. Creo que era una señora estupenda desde muchos puntos de vista, incluido el físico, y además debía de ser una amante muy afectuosa, muy simpática, muy alegre. Tenía muchas virtudes, pero no descollaba intelectualmente.»

El 28 de mayo de 1935 Eva le envió a Hitler una nota, que explica en parte su relación. A propósito de esa nota, ella considera: «Acabo de mandarle la carta crucial. Pregunta: ¿le concederá él alguna importancia? Veremos. Si no obtengo respuesta antes de esta noche, tomaré veinticinco píldoras y pasaré al otro mundo en un dulce sueño. Me ha dicho tan a menudo que está locamente enamorado de mí…, pero ¿qué significa esto cuando no he recibido ni una sola palabra suya durante tres meses? Si todo este tiempo ha estado inmerso en la política, ya sería hora de que descansara un poco. ¿Qué ocurrió el año pasado? Italia y Röhm le dieron muchos problemas, pero a pesar de ello, encontró tiempo para mí. Tal vez la situación actual es incomparablemente más difícil, pero unas pocas palabras cariñosas enviadas a través de los Hoffmann no le hubieran distraído mucho. [...] Tengo miedo de que haya algo detrás de todo esto. Yo no tengo la culpa; no la tengo en absoluto. Quizá hay otra mujer, [...]. Pero hay tantas mujeres. ¿Existe otra explicación? No puedo encontrarla.»

Con Geli salían a cenar casi todas las noches a restaurantes y compartía su mesa gente del partido, que la conocía muy bien. Eran siempre varias personas y todo el mundo estaba encantado con ella, porque era extraordinariamente alegre y se armaba un buen ambiente. Tal vez el parentesco entre tío y sobrina le permitía a Hitler pasearla sin mayores preocupaciones por sobre lo que se pensaría de la relación. En cambio, a Eva la escondió porque era una pareja clandestina. Sin embargo, todo fue distinto cuando comenzó el ocaso del Tercer Reich y él empezó a ser condescendiente y a permitir que Eva ejerciera como la señora de la casa en el Berghof, lugar de descanso y segunda residencia gubernamental de Hitler. Todos los que la conocieron en esa etapa aseguraron que era muy buena administradora de la casa, amable y organizada, y que cuando ella estaba se comía bien.

Eva adoraba las fiestas; le hubiese encantado acompañarle a la ópera, a las recepciones en la cancillería o a las organizadas por los diversos ministerios e instituciones, pero Hitler deseaba aparecer solo, inaccesible en su torre de marfil, lo cual le rodeaba de misterio e infundía respeto y temor. Él siempre estaba actuando, y no deseaba en ese ámbito tener a alguien a su lado; quizá por eso la mantuvo en la penumbra, con absurdas disculpas: «Effie, tú no estás hecha para esa vida mundana… ¡No sabes lo que hay alí fuera! Tú eres demasiado preciosa para mí como para exponerte a la maledicencia y envidia que pululan por esos sitios. ¡Berlín es una ciudad corrupta! Tú eres bella y sencilla como una flor, demasiado hermosa para un mundo que es un estercolero».

Sin embargo, Hitler le confesó a Hermann Göring en una oportunidad: «Eva es demasiado joven, demasiado inexperta, para ser la primera dama. Sin embargo, es la única mujer de mi vida, y después de la guerra, cuando me jubile, será mi esposa».

Horst Seferens, director de la Fundación Brandenburg Memorials, precisa que «desde 1936 hasta abril de 1945 más de doscientos mil prisioneros pasaron por aquí, el campo de concentración de Sachsenhausen. Primero, por supuesto, eran alemanes, oponentes políticos, socialdemócratas, comunistas, cristianos, conservadores, pero también testigos de Jehová, homosexuales, judíos, antisociales y otros. Luego del comienzo de la Segunda Guerra Mundial empezaron a llegar decenas de miles de prisioneros de Polonia, el primer país invadido, y más tarde del resto de las naciones involucradas: la Unión Soviética, Francia, Holanda, Bélgica, Países Escandinavos, y de toda Europa».

«Había una estricta separación entre sexos, y existía un campo especial para mujeres, cerca de donde estamos ahora, Ravensbrück. Así que al principio sólo había prisioneros varones; pero en el último período de la guerra, cuando había muchos campos satélites, miles de prisioneras mujeres trabajaron allí en tareas que estaban vinculadas a las plantas industriales para la producción de material para la guerra, donde por supuesto el prisionero estaba forzado a trabajos pesados. Estos campos satélites comenzaron a ser controlados desde Sachsenhausen, de donde pasaron a depender todas las mujeres. Poco antes del fin de la guerra muchos de ellos fueron evacuados hacia el campo principal porque el Ejército Rojo se estaba acercando, y a principios de 1945, incluso aquí, en el campo principal, un área especial llamada *pequeño campo* fue establecida para prisioneras mujeres, y en total había veinte mil. [...] Normalmente había guardianas mujeres vigilándolas. En Ravensbrück, por ejemplo, existía un centro para guardianas donde eran entrenadas y enviadas luego a otros campos. Estas mujeres no eran oficialmente miembros de las SS, pero estaban cercanas a ellas. Vestían uniformes y muchos prisioneros recuerdan que eran tan brutales como sus colegas varones.»

«Seferens dice que «prisioneras mujeres sólo hubo en los últimos meses de la existencia de Sachsenhausen, y en esos tiempos las condiciones dentro del campo de concentración eran caóticas. Por lo tanto, no creo que haya habido diferencias en el trato de prisioneros varones y mujeres. Todos eran forzados a hacer trabajo de esclavo, hasta el último minuto, especialmente durante las últimas semanas. Aquí en Sachsenhausen también se hizo una selección: las personas débiles y enfermas que ya no podían trabajar eran enviadas a otro campo, por ejemplo Bergen-Belsen o Mauthausen, que eran transferidos por las SS a campos para prisioneros moribundos. O eran justamente asesinados aquí en Sachsenhausen, sin que las SS hicieran diferencia entre prisioneros varones o mujeres.»

Andreas Heusler, curador del Museo Topografía del Terror, cuenta el tratamiento que recibían las reclusas en el nazismo: «La casa tenía solamente prisioneros hombres; las mujeres eran llevadas a otras cárceles y diariamente transportadas al cuartel general de la Gestapo para ser interrogadas y torturadas, y aquí mostramos a muchas de aquellas mujeres. Provenían de los diferentes grupos de resistencia de los partidos socialdemócrata y comunista, o por ejemplo de la "Orquesta Roja", una red de espionaje comunista creada durante la guerra. Muchas mujeres estaban involucradas en los campos de concentración. En las fotos que tenemos aquí se muestra a los guardias, sean mujeres u hombres, como personas normales, seres ordinarios que tenían tiempo libre en su tarea en los campos de concentración. Trabajaban como guardias vigilando a los internos, y en el tiempo libre hacían bromas y vivían normalmente. Creo que eso era muy típico, un sistema de terror implementado no sólo en la administración de los campos, sino también en el resto de la sociedad, donde muchas estaban convencidas de lo que estaban haciendo».

Cuando se analizan los cuadros de la Gestapo y las SS, surge que el 60 por ciento de ellos eran universitarios, hombres preparados y con cierto grado de cultura. Entonces uno se pregunta cómo pudo haber sucedido lo que pasó. Heike Görtemaker considera que «nunca lograremos dar respuesta a esos interrogantes. Todo lo que podemos hacer es tratar de explicar qué pasó y tomar nota de todos los factores. Allí se puede ver, lo que es también real para el círculo en torno de Hitler, incluyendo a Eva Braun, que esta gente estaba convencida de la ideología nazi, de sus miradas antisemitas y del racismo. Respecto del caso específico de Eva Braun y de las otras mujeres del entorno de Hitler, por mucho tiempo se dijo que no sabían nada, que ella era una rubia alta e inocente ajena a los eventos a su alrededor, pero esto es definitivamente falso. Ellos vivieron esta ideología juntos, él era su héroe, y puedes comprobarlo cuando miras el desarrollo del círculo interno de Hitler».

En el caso particular de Eva Braun, Görtemaker explica que «cada miembro del entorno de Hitler tuvo un rol especial. No se puede separar la vida privada de Hitler de su vida política, y una prueba es Eva Braun, quien jugó de alguna manera un rol político porque se volvió parte de la maquinaria de propaganda nazi. Esto también es así para el resto de las mujeres de hombres cercanos a Hitler. Por ejemplo Margarete Speer, quien también tuvo que representar el culto al líder porque su esposo, Albert Speer, le debía su carrera sólo a Hitler».

Görtemaker ratifica que «las mujeres no tenían función prominente en la Alemania nazi. No podían ser abogadas, por ejemplo, ni pertenecer al ejército, o actuar en política ni en economía. Una excepción es la líder del Reich de Mujeres Gertrud Scholtz-Klink. [...] Eran ignoradas por historiadores, quienes pensaban que las vidas de las mujeres no tenían valor respecto del desarrollo político. Sin embargo, en los últimos diez o veinte años esa percepción ha cambiado, así que ahora no se las ve *per se* como pasivas. Tenemos una perspectiva totalmente nueva en la historia social del Tercer Reich, y en esta etapa de la historia ahora son vistas como más activas».

Verduras en el búnker

Hitler, visto por Solar como alguien que «en la distancia corta parece un pequeñoburgués, sin ninguna grandiosidad, con una educación mucho más rudimentaria de la que trata de aparentar, con modales un tanto anticuados, era muy amable con sus amigos, con sus conocidos, con la gente que lo había ayudado, con los niños, con sus secretarias. Así era este monstruo que sin pestañear podía mandar a la muerte a cientos de miles de sus propios soldados».

Asegura que «sus secretarias le recordaban gentil, educado, obsequioso y cortés incluso en tiempos difíciles. Una de ellas, Gertraud Junge, llamada Traudl, que copiaría su testamento y le acompañaría en el búnker hasta su muerte, escribía cómo pasaban el tiempo, en el verano de 1941, en su cuartel prusiano de la Guarida del Lobo, esperando noticias del frente ruso: «Hacia las cinco de la tarde el Führer nos llama y nos atiborra de pasteles. ¡Felicita a quien más pasteles come! La hora del café se prolonga hasta las siete, incluso hasta más tarde. Después regresamos al comedor para cenar. Por fin, nos escabullimos y damos un paseo por los alrededores, hasta que el Führer nos convoca en su estudio, donde todas las noches se celebra una reunión, con café y más pasteles, a la que asisten sus íntimos colaboradores».

Henry Picker, camarada de primera hora, gozaba de la confianza de Hitler y por ello fue uno de los encargados de tomar y pulir las conversaciones de sobremesa del líder. En consecuencia, en muchas ocasiones era huésped en la residencia que tuviera Hitler en cada momento y, por tanto, testigo privilegiado de muchos momentos íntimos. Picker publicó en 1952 una versión parcial de las *Conversaciones íntimas de sobremesa* de Hitler. Sobre Eva dejó testimonios que van más allá del afecto y respeto obligados. En sus notas del 30 de abril de 1942 escribe: «El Berghof está regido por una joven muniquesa graciosa, rubia y con los ojos azules, que no sólo mantiene en el mejor orden al personal de servicio, sino que también hace que todo se desarrolle tal y como el Führer lo desea, hasta en sus menores detalles. Se llama Eva Braun. Lo más notable aquí es ver cómo todos conviven con el Führer. [...] El Berghof es, verdaderamente, un hogar para él, donde puede hallarse a sus anchas cuando —como ayer, día 29, a su regreso de sus entrevistas con el Duce, con el que mantuvo una agotadora conversación— llega, a eso de las diez de la noche, y aún puede gozar de un par de horas de descanso y esparcimiento con las personas que tanto le respetan.

»La señora de la casa fue preguntada ayer, después de la comida del mediodía (digamos entre paréntesis que en ausencia de Hitler hubo una excelente fuente de verduras), por la esposa del ministro Esser si se marcharía con él (Hitler) o se quedaría aquí, donde todo es tan hermoso y no carece de nada, a lo que la señorita Braun respondió que "todo queda vacío aquí arriba cuando no está el Führer", y que renuncia con gusto a las comodidades y bienestar de esta residencia de montaña para poder estar junto a él, jugar con sus perros y cosas semejantes. Pero por desgracia el Führer, a la hora de distribuir su tiempo, no tiene absolutamente en cuenta sus asuntos privados, sino que se amolda exclusivamente a las exigencias del trabajo y el servicio».

Görtemaker explica que «Eva Braun, en los años que estuvo

con Adolf Hitler, pasó de ser una persona tímida e insegura en el círculo interno a una muy determinada, alguien que desempeñó un papel más y más importante, tanto que después de 1936 nadie podía atreverse a desafiar su posición, ni siquiera Speer y el poderoso Joseph Göbbels».

La guía turística de Berliner Unterwelten, Silvia Britos, muestra «lo que queda del búnker de Hitler después de tres demoliciones en lo que fueran los terrenos de la cancillería, que hoy ocupan un estacionamiento y edificios de departamentos. Subsisten básicamente el piso y los muros de carga, nada más. Era una construcción de unos veinticinco por treinta y cinco metros, que hacían un conjunto para un máximo de dieciocho habitaciones. En aquellos años era un área de altísima seguridad, delimitada a través de un muro; la periferia de este muro abarca toda una manzana de edificios. […] El sistema de ventilación funcionaba a la perfección. Los problemas comenzaron en las dos últimas semanas de la guerra o poco menos, cuando convivían en el lugar, pensado para veinte personas, unas cincuenta, que no estaban permanentemente en su interior sino que entraban y salían, en su gran mayoría militares. Permanentes estaban solamente Hitler, su futura esposa hasta el momento, Eva Braun, y luego unos cuantos asesores, no más de diez personas. En el conjunto inicial, en el llamado antebúnker, ahí estaba por ejemplo Joseph Göbbels con toda su familia».

A pocas horas de la derrota definitiva, al ver que no se habían cumplido sus múltiples órdenes de contraataque o que las operaciones habían fracasado, Hitler entró en un estado de desesperación y, por vez primera, se le escuchó gritar desencajado algo que desde hacía mucho tiempo era evidente: «¡La guerra está perdida! ¡La guerra está perdida!». A continuación, anunció a sus colaboradores que no abandonaría la ciudad. «¡Se equivocan si creen que ahora voy a abandonar Berlín! ¡Antes me pego un tiro en la cabeza! [...] Si ustedes desean marcharse, están en libertad de hacerlo».

Rosas rojas

Cuando se narran los días finales en el búnker, a veces el relato pareciera proyectar un aire de romanticismo o épica. Pero no hay romanticismo ni belleza en el horror que creó Hitler en este mundo, un horror que sin duda Eva tenía que conocer de alguna manera.

Los últimos días en el búnker fueron perturbadores. La salud de Hitler se encontraba muy deteriorada —padecía el mal de Parkinson— y además el enemigo estaba cada vez más cerca. En ese ambiente de inquietud y angustia el 20 de abril se celebró su quincuagésimo sexto cumpleaños. Por la mañana hubo una recepción oficial en el búnker y por la tarde, en un marco más íntimo, una reunión en su pequeño despacho con sus colaboradores más cercanos: Göbbels, Magda, Bormann, los médicos, las secretarias. Los seis niños Göbbels le habían preparado regalitos al tío Adolf. Tras permanecer un rato con ellos Hitler se retiró, entonces Eva mandó llevar un gramófono y organizó una patética y tristísima fiesta. Durante largo tiempo se escuchó una y otra vez el único disco que tenían: «Las rosas rojas te hablan de amor», mientras las paredes retumbaban de los bombazos soviéticos.

Según recuerda su secretaria Traudl Junge, bailó con Speer,

Ribbentrop y Eva Braun antes de retirarse porque el ambiente le parecía horrible: a ratos, un silencio deprimente sólo cubierto por la música y, de repente, carcajadas estridentes por cualquier tontería. «Ya no podía más. Me despedí precipitadamente, bajé al búnker y me metí en la cama.» Bormann anotaba esa noche en su diario: «Cumpleaños del Führer, aunque por desgracia nadie estaba para celebraciones».

En esos días, decidido a morir en Berlín, Hitler pidió a Eva que dispusiera un pequeño equipaje y se aprestara a dejar la ciudad en uno de los pocos aviones disponibles, haciendo extensiva la invitación a sus secretarias. Las tres se rehusaron a abandonar el búnker, y pese a que él insistió se mantuvieron firmes. Entonces, exclamó conmovido: «¡Ojalá mis generales fueran tan valientes como vosotras!».

El 29 Hitler y Eva se casaron en una ceremonia que se celebró en el aposento oficial del Führer. Relata Britos que el trámite se realizó de madrugada, «en una atmósfera que debió de ser bastante lúgubre, con la presencia de los testigos de honor. Todo consistió en la firma de un papel ante un juez de paz, quien ingresó en el edificio por un pasaje subterráneo que comunicaba la vieja con la nueva cancillería».

Mientras esperaba la hora fijada para la ceremonia, él llamó a Traudl Junge para dictarle su testamento personal: «Al final de mi vida, he decidido casarme con la mujer que, después de muchos años de verdadera amistad, ha venido a esta ciudad por voluntad propia, cuando ya estaba casi completamente sitiada, para compartir mi destino. Es su deseo morir conmigo como mi esposa. Esto nos compensará de lo que ambos hemos perdido a causa de mi trabajo al servicio de mi pueblo».

Iosif Stalin y su hija Svetlana Alliluyeva.

Iosif Stalin y
su segunda
esposa,
Nadezhda
Alliluyeva,
a finales de
1920.

Iosif Stalin en 1915.

Stalin y su hija Svetlana en la casa de campo en los años treinta.

Adolf Hitler con mujeres alemanas.

Adolf Hitler, Frau Morell, Eva Braun.

Adolf Hitler y su sobrina Geli Raubal.

Adolf Hitler y Eva Braun.

Benito Mussolini con su esposa Rachele y sus hijos, en mayo de 1930.

Benito Mussolini veranea junto a su familia.

El general Francisco Franco y el teniente coronel Millán Astray durante el acto de devolución del mando de la Legión a Astray.

Francisco Franco y su esposa saliendo de Santa María, en 1941.

El general Francisco Franco y su esposa Carmen Polo en la explanada de la catedral de Santander.

Visita de la esposa de Franco, Carmen Polo, a Payá Hermanos, en 1960.

Francisco Franco y su esposa en 1968.

Francisco Franco y Carmen Polo en el bautizo de Aída Trujillo.

Carmen Polo con sus nietos (de izquierda a derecha: Carmen, Jaime, Merry, Francis, Cristóbal, Arantxa y Mariola).

Carmen Polo junto a su hija y su nieta.

Legaba al Estado cuanto poseía, salvo su colección de pinturas, que destinaba al «establecimiento de una galería de arte en mi ciudad natal». Dejaba algunas cosas a sus hermanos (como los derechos de *Mein Kampf*, que serían millonarios y objeto de disputa entre los herederos de sus sobrinos y el Estado alemán) y a la madre de Eva.

Traudl Junge recordó que Eva fumaba a escondidas en el piso alto del búnker y corría a lavarse la boca para que su amante no lo notara, y que en ocasiones se comportaba como cualquier esposa burguesa sermoneándolo porque se había ensuciado la ropa: «Pero mira cómo te has puesto. Estás sucísimo. ¡Esta chaqueta no te la puedes volver a poner así!».

Otra de las mujeres presentes allí, la enfermera Erna Flegel, evocaría a Eva con frialdad, incluso con cierto desprecio: «Se trataba de un personaje incoloro; una chica que apenas se distinguía de las mecanógrafas cuando se hallaba entre ellas».

Al enterarse por la radio que muerto Mussolini su cadáver había sido colgado junto al de su amante Claretta Petacci y los de algunos de sus colaboradores durante horas de la marquesina de una gasolinera de Milán, muy alterado habló con su mayordomo Heinz Linge y con su ayudante Otto Günsche y les hizo jurar que incinerarían su cuerpo hasta que no quedase nada. «A mí no me cogerán ni vivo ni muerto. No me convertirán en un muñeco de feria en Moscú ni se ensañarán con mis restos», dijo. También le pidió a su médico que probara las pastillas de cianuro con su perra Blondi y los cachorros de ésta. Bajo ningún aspecto quería caer vivo en manos de los rusos. «Pruebe con Blondi. Ella y sus cachorros también tienen que morir, no se los dejaremos.» La perra murió en cuanto el veneno penetró en su cuerpo y Hitler respiró aliviado.

Cuando Eva advirtió la falta de las mascotas corrió dando alaridos por el pasillo del búnker hasta el despacho de su marido. Erna Flegel la vio desde la enfermería y pudo fisgonear su disgusto. «Aquella mujer, además de gris, era un poco tonta. Lloró desconsoladamente recriminándole a Hitler que hubiera matado a Blondi. Estaba a punto de morir y lo único que parecía fastidiarle era que hubiese envenenado a su perro.»

Esa noche, los soldados y oficiales de las SS que custodiaban la cancillería y el búnker organizaron una orgía. Ante la inminencia de la muerte, relajada la disciplina, perdido el sentido de la jerarquía y la fe en el liderazgo, habían hecho una razia por las casas de los alrededores en la que lograron reunir a varias mujeres para preparar una francachela utilizando las grandes reservas de alcohol almacenadas en los sótanos. Todos eran conscientes de que vivían las últimas horas del Reich y probablemente de sus vidas. Traudl Junge escuchaba el escándalo desde su habitación, tan estrepitoso que ni el fragor de la guerra lograba apagar. Según declararía en Nuremberg, tuvo que levantarse a buscar comida para alguno de los hijos de Göbbels, quienes desvelados por el jaleo se habían despertado y sentían hambre, y se encontró con una orgía sexual de hombres y mujeres semidesnudos: «Un furor erótico parecía poseerlos. Por todos lados se veían cuerpos lascivamente entrelazados, en posiciones desvergonzadas, incluso en el sillón del dentista… Las mujeres dejaban al descubierto sus partes íntimas sin el menor pudor…».

El 30 de abril Hitler se levantó tarde. Los soviéticos habían seguido avanzando y estaban a sólo quinientos metros de la cancillería. Como llegaban por los túneles del metro, las SS inundaron esos espacios causando gran mortandad no sólo entre los enemigos, sino entre todos los alemanes que habían intentado refugiarse en ellos. Aterrado ante la posibilidad de caer vivo en manos del enemigo Hitler decidió que ya no debía postergar el fin.

Pero tenía cosas urgentes en que pensar. Pidió que acudiera su chófer, Erich Kempka, y le preguntó si contaba con la gasolina necesaria para quemar su cadáver y el de Eva y el hombre asintió. Según declararía Kempka después de la guerra, apenado por los niños Göbbels aprovechó la ocasión para sugerir al Führer que él podría sacar de Berlín a Magda y a sus hijos, pero éste le habría replicado que eran asuntos del matrimonio Göbbels. Aun así el hombre lo intentó, aunque Magda, convencida por la firme decisión de su marido de quedarse con Hitler hasta la muerte, se negó en redondo.

Las secretarias, sobrevivientes de aquellos hechos, no recordaron que en los instantes previos al suicidio, durante el almuerzo —que consistió en tallarines con salsa de tomate—, se hablara de algo interesante, aunque al parecer se dijeron algunas frases de cortesía. Cuando la comida finalizó Eva pasó a buscar a su marido. Estaba pálida, pero se mantenía entera. Había corrido la noticia de que la cosa sería inminente, y a la salida del comedor sus colaboradores se acercaron para despedirse de ella. Abrazaba a las mujeres que se encontraban allí, y hasta el final logró dominar su emoción y esbozar una mínima sonrisa. Hitler, muy tenso y en silencio, estrechó las manos de todos.

De alguna manera Eva sabía que pasaría a la historia al morir junto al Führer. Sobre este aspecto en particular, Görtemaker consigna que el 23 de abril le había pedido a la asistente que no destruyera la correspondencia que había mantenido con él: «"Guárdala, entérala", y aquí podemos ver que ella quería que la gente, luego de su muerte, supiera que tenía una relación con el líder, que era cercana a él. Hitler, en contraste, hizo que destruyeran sus cartas personales porque pretendía ocultar su vida privada».

Poco después de las 15.30, Linge y Günsche entraron en el despacho y ya los hallaron muertos. Eva estaba descalza, sentada con las piernas recogidas sobre el sofá y la cara apoyada contra el hombro izquierdo de su marido. Sobre el velador había una pequeña pistola al alcance de la mano que no había empleado y un jarrón de flores artificiales volcado, probablemente en los espasmos de la agonía. Adolf estaba sentado en el sofá frente al retrato de Federico el Grande; tenía la cabeza apoyada contra el respaldo y la boca torcida, y en ella podían verse restos de la cápsula de cristal que había contenido el cianuro. En la sien derecha se apreciaba un negro boquete del que manaba sangre y el pelo del contorno chamuscado por el fogonazo del disparo. Su mano izquierda sujetaba el retrato de la madre, que había conservado durante medio siglo; la derecha pendía inerte después de haber dejado caer al suelo la pistola que había usado al mismo tiempo que el veneno.

El suicidio de Magda y Joseph Göbbels luego de haber asesinado a sus seis hijos detenta un carácter de tragedia griega. El día 30 ella corrió hacia la habitación donde Hitler estaba a punto de quitarse la vida junto a Eva y aquí existen dos versiones. Una asegura que el coronel que custodiaba el lugar le impidió pasar, luego de entrar y consultarle al Führer, mientras que la segunda versión afirma que Magda ingresó y volvió a salir a los pocos minutos envuelta en lágrimas. Al día siguiente, envenenó a los niños y se suicidó junto a su esposo.

Cuando el Ejército Rojo penetró en Berlín, lo hizo buscando el búnker donde estaba Hitler, quien por órdenes de Stalin debía ser capturado vivo o muerto y su cuerpo, recuperado. Pero en el momento en que los soldados lograron dar con el lugar ya era tarde y lo único que hallaron fueron los restos calcinados de Hitler y Eva, en un pozo que había producido una bomba y al que habían sido arrojados los cadáveres, que no habían podido incinerarse del todo a falta de combustible.

El almacenero y la Navidad

En los días finales Berlín estuvo defendido por niños y ancianos que habían sido reclutados forzosamente para una resistencia tan inútil como suicida. Asesinados muchos de ellos por las SS, de los faroles pendían cadáveres con un cartel en el pecho que decía: «Soy un traidor».

Mientras tanto, las tropas norteamericanas entraron en Braunau y liberaron la ciudad. Los soldados alemanes intentaron destruir la casa natal de Hitler pero fracasaron y aún hoy sigue en pie.

En noviembre de 1945 se realizó una exposición sobre temas antinazis y la vivienda fue muy visitada por los habitantes de la ciudad. Luego permaneció vacía durante mucho tiempo.

Fue devuelta a sus propietarios originales y en los años siguientes fue filial de un banco, más tarde parte de una escuela y por último un taller de rehabilitación y trabajo para personas con discapacidades diversas.

Para Kotanko: «la casa se debería utilizar para mostrar la historia documentada de Braunau y de la época de la dominación nazi». Agrega que «en 1989 se temía que, debido al centenario del nacimiento de Adolf Hitler, el lugar se convirtiese en el blanco de las miradas. Por esa razón nació un proyecto para instalar una lápida que recordara a los criminales de la época nazi. Sin embargo, la propietaria prohibió colocarla, aunque luego el alcalde de Braunau, Gerhard Skiba, ordenó llevar una piedra del campo de concentración de Mauthausen y ponerla delante de la casa con la inscripción: "Por la paz, la libertad y la democracia. Nunca más el fascismo. Millones de muertos nos lo recuerdan"».

Siempre que se analiza el nazismo queda flotando una pregunta: ¿cuánto sabían los alemanes de las aberraciones que ocurrían bajo el régimen nacionalsocialista? Persecuciones, asesinatos en masa, campos de concentración, experimentos salvajes con seres humanos. En el distrito berlinés de Wannsee, el 20 de enero de 1942 se realizó la conferencia donde se decidió la Solución Final para los judíos. «Por supuesto —explica Robert Kampe, director de House of The Wannsee Conference—, ese encuentro fue totalmente secreto. Cuando los soldados empezaron a regresar del frente ruso en la primavera y el verano de 1942 comenzó a trascender que se estaban llevando a cabo ejecuciones en masa.» Muchos habían sido testigos o participado de esos crímenes, que se hacían a pleno día, cerca de las ciudades; incluso ciudadanos polacos y rusos podían verlas.

«Hubo reportes de la Gestapo —continúa Kampe— que revelaban que la gente conocía ampliamente lo que estaba sucediendo. Las deportaciones acontecían a la vista de todos. Las multitudes marchaban en las ciudades alemanas a los puntos donde serían recogidas y luego conducidas a los campos. Existen fotos. Las explicaciones adjudicaban a los judíos el no trabajar y explotar a la gente, y que por esa razón se los deportaba a Europa del Este, para separarlos del resto del pueblo. En tiempos de crudos inviernos, en medio de una guerra brutal, eran deportados bebés y personas muy mayores, que no tenían muchas chances de sobrevivir. [...] A aquel que no le gustaban los vecinos judíos seguramente no le importaba el destino que tuvieran, pero a muchos otros sí les importaba y fueron enjuiciados por hablar de estas cuestiones. Por ejemplo, un ama de casa ordinaria comprando en un almacén, antes de Navidad de 1942, dijo al dueño del negocio: "Es una terrible Navidad, y debido al asesinato en masa de judíos no podemos celebrar realmente". Ofendido, el almacenero consideró que podría ser una provocación y le llevó esa información a la Gestapo, por lo que ella terminó enjuiciada y sentenciada por medio año en un campo de concentración. En algunos casos, estas sentencias llegaron a penas de muerte. Había mucha presión para mantenerse callado.»

El Memorial del Holocausto, ese lugar tan estremecedor como maravilloso en Berlín, fue creado en honor y en recuerdo de las víctimas de Hitler, de esos seis millones de judíos, de ese millón y medio de gitanos, de esos cientos de miles de opositores políticos de todo tipo, de homosexuales, de discapacitados, toda aquella gente que no se adaptaba a la perfección a su loco demencial sueño de la pureza aria. Hitler los mató de una manera cruel y bárbara.

Esa carnicería vengativa e inútil contra su propio pueblo evidencia la gran mentira que era Hitler, un hombre sin escrúpulos, megalómano y ridículo, que consideraba que los alemanes no lo merecían. Pero lo más inquietante es comprobar que Adolf y Eva eran simplemente unos tipos mediocres, cuyos sueños disparatados y absurdos se transformaron en la más atroz pesadilla de la humanidad, en una serpiente oscura, que últimamente parece amenazar con levantar de nuevo la cabeza. Como dijo Primo Levi: «Si una vez ocurrió, puede volver a suceder».

¿Y en qué quedó el imperio milenario de Hitler? Pues en un estacionamiento de coches donde se levantaba la cancillería, el lugar al que tanto le costó acceder. Y cuando por fin lo logró, en tan sólo doce años desencadenó el horror, la muerte de millones de personas, el indescriptible sufrimiento. ¿Y todo para qué? Para terminar en un estacionamiento.

Estrellas en el cielo raso
Las mujeres del Duce

Según la leyenda, Roma fue fundada por los hermanos Rómulo y Remo el 23 de abril del año 753 antes de Cristo. A lo largo de la historia la gobernaron reyes, emperadores, cónsules, y también dictadores. Uno de ellos fue Benito Mussolini, quien se propuso ser el César del siglo XX y terminó ejecutado por sus compatriotas, también en un mes de abril, pero 2.698 años después.

Es precisamente el hecho de su ejecución lo que lo distingue de otros dictadores de su época. Sin embargo, hay algo más que lo diferencia de ellos: Mussolini tuvo un incalculable número de mujeres: esposas, amantes, amigas, admiradoras, italianas y extranjeras, jóvenes y maduras, guapas y no tan guapas, burguesas, aristócratas y plebeyas, fascistas, socialistas, liberales, anarquistas.

Cien veces expulsado

Benito Andrea Amilcare Mussolini nació el domingo 29 de julio de 1883, a las dos de la tarde, en Varano di Costa, pedanía de Predappio. Sus padres eran Alessandro, herrero y socialista, y Rosa Maltoni, hija de un sangrador, maestra de escuela y católica, quien oponiéndose a la voluntad de su marido bautizó a sus hijos.

Alessandro llamó a su hijo Benito en homenaje al revolucionario mexicano Benito Juárez, Andrea por el gran socialista de Ímola (Emilia-Romaña) Andrea Costa, de quien había sido discípulo, y Amilcare por el héroe del ejército de Garibaldi, Amilcare Cipriani.

Cuando Benito tenía tres meses la familia se trasladó al palacio Varano, actual sede municipal, por entonces una casa de campo donde funcionaba la escuela primaria de la que estaba a cargo su madre. Con el tiempo el lugar se transformaría en un importante símbolo del fascismo, que serviría para exaltar el ascendiente humilde y rural del Duce.

El alcalde del pueblo, Giorgio Frassineti, explica que «el municipio de Predappio, de gran tradición revolucionaria, cuenta con unos 6.500 habitantes y 92 kilómetros cuadrados, y está situado a 15 kilómetros de Forlí, la capital de la provincia de Forlí-Cesena, en la región de Emilia-Romaña. Su nombre está absolutamente ligado a la figura de Benito Mussolini. La Predappio nueva comenzó a construirse en 1925, en torno a los lugares en los que había transcurrido la juventud del dictador, con vistas a difundir el mito de los orígenes del "hombre nuevo"». Frassineti recuerda: «En las décadas de 1920 y 1930 hubo cierto turismo, pero después se produjo una pausa, durante la cual, por obvios motivos, nadie vino a Predappio. Es que el lugar debía pagar sus culpas por haber dado nacimiento a Mussolini».

Benito era un niño rebelde y poco dado a relacionarse con

la gente. Aprendió las primeras letras en la escuela junto a su madre y luego estudió en el colegio salesiano de Faenza, de donde fue expulsado por herir a un compañero con una navaja. En 1898 recibió un diploma técnico en las Escuelas Magistrales de Forlimpópoli, donde continuó estudiando como alumno externo tras una nueva expulsión por una pelea con otro alumno. Finalmente, en 1901, se recibió de maestro.

Por esa misma época se afilió al Partido Socialista Italiano (PSI) por influencia de su padre, y se inició en política en Predappio también siguiendo sus pasos. Un dato curioso es que en la actualidad en la casa se conserva la histórica bandera socialista, que lleva escrito en la primera franja «Partido Socialista de Dovia», mientras que en la parte inferior reza «Abran paso que llega el trabajo», frase sugerida por el propio Mussolini.

Por su filiación al Partido Socialista y por su anticlericalismo no consiguió trabajo como docente. Y a los diecinueve años emigró a Suiza para evitar hacer el servicio militar. Allí aprendió francés y alemán y escribió las primeras colaboraciones para un periódico socialista. Como su situación económica era precaria, recibió la ayuda de refugiados socialistas y anarquistas, ambiente donde tomó contacto con el gran sociólogo italiano «prefascista» Vilfredo Pareto y, en especial, con la gran intelectual y política Angélica Balabanova (1878-1965), cinco años mayor que él y con quien, se dice aunque no está demostrado, mantuvo una relación sentimental.

Balabanova era judía ucraniana proveniente de la Rusia zarista y poseía una personalidad descollante. Revolucionaria que colaboró con Lenin, conoció a Rosa Luxemburg y frecuentó a las principales personalidades del socialismo europeo en Bélgica, Italia, Suiza y Alemania, fue la primera persona que contribuyó a educar y formar a Mussolini. «Si no hubiese sido por ella, yo sería un mediocre maestro de escuela», diría Benito años más tarde. Pero tiempo después la propia Balabanova escribió un libro en el que calificó al ex socialista y ya fascista Mussolini de «traidor».

Es que poco a poco éste había ido alejándose del socialismo marxista para acercarse al sindicalismo revolucionario anarquizante, de donde su propio carácter fue conduciéndolo hacia posiciones derechistas. Era un hombre clasista, racista, individualista, machista, defensor del uso de la violencia y creyente en una suerte de «hombre superior» que se impondría a la «masa informe».

Por su espíritu pendenciero y su actividad revolucionaria, las autoridades suizas lo expulsaron del país y regresó a Italia en 1904, donde fue detenido por desertor; favorecido por una amnistía, salió de la cárcel pero, finalmente, tuvo que hacer el servicio militar.

De vuelta en la enseñanza, su lenguaje soez e irreverente levantaba todo tipo de protestas tanto de los padres como de los propios alumnos. Participó en huelgas y manifestaciones de braceros y continuó escribiendo artículos políticos. En 1909 se marchó a Trento, entonces ciudad del Imperio austrohúngaro (hasta 1918, cuando pasó a manos de Italia), pero una vez más también fue expulsado de ese lugar, ahora por manifestar posturas antiaustríacas. Más tarde dirigió *L'Avvenire dei Lavoratori* y en 1914-1915 fundó *Il Popolo d'Italia*, periódico anticlerical e irredentista, que propugnaba la recuperación de Trento por parte de Italia.

En ese mismo año conoció a la joven socialista Fernanda

Oss Facchinelli, con quien tuvo un hijo, que vivió sólo unos meses y del que se ha perdido incluso el nombre.

La amante del cardenal

En 1910 le encargaron una novela por entregas, *Claudia Particella la amante del cardenal*, en la que Mussolini hizo gala de sus argumentos preferidos: el anticlericalismo y las mujeres, y donde narra los escandalosos amores entre el obispo-príncipe de Trento y una cortesana. Paralelamente, era secretario de la federación socialista de Forlí y dirigía su periódico, *L'Idea Socialista*, que más tarde se convertiría en *Lotta di Classe* (Lucha de Clases).

Donde Benito parecía sentirse cómodo y resultaba aceptado era en el Partido Socialista. Pero eso funcionó por poco tiempo, pues acabó rompiendo con éste al ir apareciendo el Mussolini que todos conocemos y que lo alejaba paulatinamente del partido. Todavía en 1911 participaba en manifestaciones pacifistas contra la guerra en la que Italia arrebatará Libia al Imperio Otomano y por esa actividad fue nuevamente encarcelado.

El historiador Carlo Caranci cuenta que «en 1912 Mussolini fue nombrado director del órgano oficial socialista *Avanti!*, cuya tirada llegó a duplicar por su agresividad y demagogia, como exponente de la línea maximalista del PSI. La redactora-jefe era nada menos que la propia Angélica Balabanova».

Colaboró en varios medios, hasta que en 1913 creó su propia revista, *Utopia*, que dirigió hasta el comienzo de la Gran Guerra en 1914 y donde sus opiniones fueron muchas veces contrarias a la línea del PSI. El futuro Duce estaba haciendo un

doble juego al pasar cínicamente del no intervencionismo anti-
belicista y pacifista a un intervencionismo franco, uniéndose a
los sectores no mayoritarios pero sí poderosos, ruidosos y vio-
lentos —nacionalistas, futuristas, latifundistas, industriales, el
propio rey Víctor Manuel III, etc.—, que querían que Italia
entrara en guerra para «recuperar las tierras irredentas» de Trento y Trieste (y apoderarse de territorios no italianos en los Bal-
canes, Turquía y África), lo que el PSI rehusaba aceptar. Esta
postura le costó el cargo en el *Avanti!*

De este modo, se convertía en un apasionado belicista, que
no cejaba de atacar desde su propio periódico —*Il Popolo
d'Italia*— a los socialistas contrarios al ingreso de Italia en la
Gran Guerra. Fue su final en el Partido Socialista: como de
tantos otros lugares, también de allí fue separado.

Caranci explica que «el repentino cambio de opinión de Benito Mussolini pudo deberse tanto o más a los intereses que a la
ideología». Recientes investigaciones históricas han demostrado que, ante la perspectiva de llevar a cabo grandes negocios,
industriales probelicistas le financiaron su periódico. Asimismo
Francia le entregó diez millones de francos —una cantidad
enorme por entonces—, mientras que los británicos le pagaban
semanalmente cien libras para que apoyara la participación de
Italia en el conflicto como aliada de la Entente (Gran Bretaña,
Francia y Rusia).

En 1915, y desoyendo la voluntad del Parlamento, el país
terminó ingresando a la guerra. Mussolini tomó parte de ella,
fue ascendido varias veces, fue herido gravemente en 1917 y,
tras recuperarse, lo licenciaron definitivamente y regresó a su
periódico.

Mística y violencia

«En noviembre de 1918 acabó la guerra —continúa Caranci—; Italia, aunque vencedora, había salido frustrada del conflicto al no haber conseguido todos los territorios que ambicionaba, mientras que franceses y británicos obtuvieron la parte del león. Mussolini hablaba, así, de "victoria mutilada", pese a los casi setecientos mil muertos y más del millón y medio de heridos. Pero la frustración de los italianos es también económica y social: el gobierno no había cumplido las promesas prebélicas y la agitación social estaba a la orden del día, atemorizando a los industriales, los empresarios y los latifundistas con manifestaciones y con la ocupación de tierras y fábricas (aterrorizados también porque en Rusia habían tomado el poder los bolcheviques un año antes).» Así, ante la debilidad de los partidos liberales, las oligarquías italianas encontraron en Mussolini quien los defendiera de la «chusma roja».

Caranci resume la situación italiana de ese momento: «En 1919 [Mussolini] fundó los *fascios di combattimento,* con sus *squadre d'azione* o grupos ultranacionalistas de acción, los "camisas negras" (parecidos a los *freikorps* alemanes), formados en la violencia por excombatientes, nacionalistas furibundos, futuristas, meros reaccionarios, etc., útiles para combatir a la izquierda. Reivindicaba para sus "escuadristas" el "derecho a gobernar Italia, como núcleo de la nueva clase dirigente", pero en las elecciones de 1919 los fascistas no obtuvieron ningún escaño».

«Los *fascios di combattimento* y sus *squadre,* explotando el temor de la burguesía, de la aristocracia y los ambientes capitalistas, así como el de la monarquía, rompieron huelgas, desalojaron a los ocupantes de latifundios y fábricas, y atacaron a individuos y organizaciones de izquierda (cámaras del trabajo, cooperativas, casas del pueblo, etc.). Las palizas, el aceite de ricino, los incendios, la destrucción y los asesinatos eran moneda corriente. Débil, el Estado era incapaz de detenerlos, cuando no se pronunciaba directamente favorable a los fascistas: más de tres mil quinientos izquierdistas fueron asesinados por los camisas negras, contra algún centenar, [...] en un clima de preguerra civil.»

Finalmente, en las elecciones de 1921 los fascistas obtuvieron 35 escaños, y Mussolini fue elegido diputado en las listas de los «bloques nacionales» antiizquierdistas. Desde ese momento los «camisas negras» multiplicaron los episodios de violencia física y verbal.

En 1922 Mussolini fundó una revista mensual, *Gerarchia* (Jerarquía), en la que colaboraba la notable intelectual y desde 1911 amante del líder Margherita Sarfatti, quien según algunas fuentes le dio dinero para solventar su actividad política.

Si bien la ideología fascista en su conjunto posee un fundamento ideológico que, en muchos aspectos podría calificarse de burdo, la versión italiana disponía de una base intelectual más sólida que el falangismo y el franquismo o que el propio nazismo. El gran filósofo del Estado Giovanni Gentile aportaría solidez a las ideas del régimen, y otras importantes personalidades de la cultura, como Luigi Pirandello o Gabriele D'Annunzio, también lo apoyaron.

Una nueva huelga general en agosto de 1922 lo indujo a la acción definitiva: la conquista del poder. Mussolini proclamó la movilización general, y junto a su Estado Mayor (los «cuadrúnviros») y con sus treinta mil fascistas más o menos armados inició desde Nápoles, el 28 de octubre, lo que se conoce como Marcha sobre Roma.

Según Caranci, fue un golpe de mano «audaz, con fuerzas relativamente modestas y desorganizadas, que podían haber sido detenidas e incluso liquidadas (como exigía una parte del ejército y de las fuerzas del orden); sin embargo el poder estaba en mínimos, y Mussolini entró en Roma con sus hombres». Era un golpe de Estado, pero el rey Víctor Manuel III no calibró bien de qué se trataba, aunque no estaba descontento pues eran los que habían «domado a la izquierda». Y ese mismo día, el monarca le encargó formar gobierno, compuesto por fascistas, nacionalistas y también representantes de los viejos partidos de derechas.

Inicialmente, Mussolini se mostró respetuoso de la legalidad parlamentaria. Pero en cuanto vio la ocasión apartó a los inoperantes partidos liberales, controló a la izquierda a través de la violencia (uno de los escándalos lo constituyó el asesinato del diputado socialista Giacomo Matteotti en 1924) y en 1925 proclamó el Estado fascista y el partido único, el Partido Nacional Fascista (PNF), esto es: la dictadura.

Mussolini concentró en sí mismo y en su partido todos los poderes, puso fin a las libertades políticas, reprimió a quienes se le oponían y prohibió las huelgas. Se estableció así una especie de «adoración» del Estado, en el que el rey contaría cada vez menos, de carácter laico, pese a zanjar el conflicto con la Iglesia firmando el Concordato con el Vaticano (1929) y encuadró a las masas en las organizaciones del partido. Consecuentemente, se emprendieron reformas económicas sin la participación del pueblo, mientras que los ideales nacionales superiores coincidían, curiosamente, con los de las clases dominantes.

Durante estos años la dictadura de Mussolini tuvo muchos amigos fuera de Italia, tanto en Gran Bretaña, Francia y los Estados Unidos como luego, naturalmente, en la España de Franco y en la Alemania de Hitler. Su régimen se remitía a la antigua Roma y era agresivo en lo atinente a la política exterior (conquista de Etiopía en 1935-1936 y de Albania en 1939, intervención en la Guerra Civil española en 1936-1939). Durante los veintitrés años en los que Mussolini gobernó Italia participó en seis guerras; y en la última —la Segunda Guerra Mundial— intervino como aliada de Hitler «para aprovechar cínicamente las victorias alemanas y sacar tajada», pero fue derrotada, lo que significó el fin de su régimen y de su vida.

Donna Rachele, «el verdadero dictador de la familia»

Las mujeres de Mussolini procedían de distintas clases sociales, aunque la mayoría eran burguesas, pues a él le gustaban bien poco tanto las aristócratas como las de extracción modesta. Si los capitostes y jerarcas se limitaban a alguna amante, Mussolini sentía una «excesiva» propensión a las mujeres. Ya desde adolescente tenía una idea superlativa de la virilidad, y sus muchas compañeras —esposas, amantes fijas y temporales, aventuras— debían exaltarla.

Su primera esposa fue Ida Irene Dalser (1880-1937). Había estudiado Medicina estética y tuvo un salón de belleza en Milán, lo que le permitió sostener económicamente a Mussolini durante mucho tiempo. La pareja tuvo un hijo, Benito Albino, al que él reconoció en 1915 antes de partir al frente.

En ese mismo año se casó civilmente con la que sería su esposa definitiva, Rachele Guidi (1890-1979), con quien había convivido desde 1910, una mujer que siempre había sabido «lo de la Dalser y su hijo». Rachele era campesina, paisana de Benito. Como ella misma contó, nunca había tenido relaciones y él la forzó brutalmente «sobre una butaca».

Al principio el padre de Benito se oponía a esta relación, pero él mismo arregló el asunto a su manera: con la violencia. Lo reunió con la madre de Rachele, ambos viudos, exhibió una pistola y dijo que le pegaría un tiro a la novia y después se suicidaría si no le daban el consentimiento para estar juntos; comprensiblemente, los padres aprobaron la unión.

Edda fue la primera hija de la pareja, aunque fue registrada como hija de Mussolini y de madre desconocida porque cuando nació ellos todavía no estaban casados. Para el historiador Pasquale Chessa, autor del libro *Dux. Benito Mussolini*: «Rachele representaba a la mujer, pero no como una figura tradicional, santurrona, religiosa [...] Con ella mantuvo una relación extremadamente compleja, aunque también extremadamente sincera».

En cuanto a Ida Irene, cuando él ascendió al poder ella decidió consolidar su situación reclamando que la reconocieran como primera esposa, lo que enfureció a Rachele; vigilada por la policía, a Mussolini se le ocurrió una solución cruel, propia de su condición: enviar a Ida Dalser a un manicomio, donde la pobre murió en 1937. Del final de Benito Albino existen distintas versiones. Una de ellas asegura que murió en la guerra en 1941 en un combate naval. La segunda, menos fiable, es que, al igual que la madre, fue recluido también en un manicomio, donde habría fallecido en 1942.

Cuando ya era presidente del Consejo de Ministros Mussolini se casó con Rachele, esta vez por la Iglesia, «para dar gusto a la clericalla y al Vaticano». Tuvieron cinco hijos: Edda (1910-1995), Vittorio (1916-1997), Bruno (1918-1941), Romano (1927-2006) y Anna Maria (1929-1968).

Doña Rachele tenía un carácter prosaicamente práctico, discutidor, severo y autoritario, a veces más que el marido. Era una mujer dura y difícil, que se opuso a todo tipo de clemencia para el yerno Ciano, «el traidor», casado con su hija Edda, cuando fue condenado a muerte. Edda decía: «El verdadero dictador de la familia es mi madre». Doña Rachele estuvo al tanto de todas las andanzas sexuales de su marido, pero dijo años después que solamente le importaron tres: «Me han hecho daño Ida Dalser, Margherita y la Petacci».

Monica, la segunda mujer de Vittorio, cuenta que cuando su marido la llevó a conocer a doña Rachele a Predappio, en la década de 1970, al verla le preguntó a Vittorio: «¿Dónde encontraste a esta *donna* tan alta?». «Yo me puse toda colorada», asegura. «Doña Rachele —prosigue Monica— era muy difícil, yo la quise igual aunque ella tenía preferencia por la hermana de Sofia Loren, Maria Scicolone, que fue la mujer de mi cuñado Romano. Y esa preferencia de doña Rachele era impulsada por mi cuñada Anna Maria, la menor de los hermanos Mussolini, que, pobrecita, de pequeña había tenido parálisis infantil y quedó totalmente inmóvil a excepción de la cabeza. Y, guste o no, quien la salvó fue Hitler, que le dijo al Duce: "Dámela que me la llevo a Alemania", y gracias a Dios ella empezó a caminar y a recuperarse, pobre hija.»

«Rachele —continúa Caranci— apoyó mucho a su marido en muchas de las decisiones importantes, pese a que la ofendían y desesperaban sus aventuras con distintas amantes; pero ella era una mujer tradicional, de esas que siempre siguen con el marido, y creo que él también tenía esa idea.»

La Sarfatti

La Margherita a la que se refería Rachele era la Sarfatti (1880-1961), alguien que fue esencial en la vida del Duce. Se trataba de una mujer refinada, inteligente y culta: periodista, coleccionista, crítica de arte, hija de un rico jurista veneciano de origen judío, era tres años mayor que Benito; fueron amantes durante dieciocho años. Fue otra de las grandes educadoras de Mussolini durante la década de 1920 y parte de la de 1930, y en 1925 publicó *Dux, una biografía del líder*. Cofundadora del Partido Fascista Italiano en 1921, era una eminencia gris del fascismo. «Con la Sarfatti —explica Chessa—, Mussolini tiene un vínculo político. Ella lo acompaña al tren que lo lleva a Roma para convertirse en primer ministro. Y le escribe los discursos, le explica qué es lo que debe decir, le compra las chaquetas, lo arregla, lo hace verse un poco más presentable.»

Margherita —dice Caranci— sentía fascinación por el poder; era arrogante, ambiciosa, enérgica. Ayudó a pintores y escritores, italianos y extranjeros; fue una autoridad en el universo artístico. Conoció a numerosas personalidades, a artistas célebres de todo el mundo y de diversas ideologías. Fue amiga del pintor y muralista mexicano de izquierdas Diego Rivera y del artista argentino Emilio Pettoruti, se codeó con el poeta fascista estadounidense Ezra Pound, con Gabriele D'Annunzio, Bernard Shaw, Colette, Josephine Baker, Einstein, Victoria Ocampo, Alma Mahler, Jean Cocteau, Alberto Moravia... La Sarfatti se relacionó con figuras estadounidenses simpatizantes del fascismo, como Henry Ford, el aviador Lindbergh, Joseph Kennedy y otras. También hizo propaganda del fascismo en Estados Unidos, utilizando la cadena de periódicos de Hearst.

Las desavenencias en la pareja, tanto políticas —ella se situaba en el ala «izquierdista» del fascismo y, además, impugnaba las aventuras coloniales— como personales, acabaron con la historia de Mussolini y la Sarfatti en 1934. Además, Margherita estaba envejeciendo y a él le agradaban las mujeres jóvenes. Por si fuera poco, la cosa empeoró cuando, en 1938, entraron en vigor en Italia las leyes antisemitas y la Sarfatti, una de las creadoras del Partido Fascista, tuvo que exilarse pese a haberse convertido al catolicismo. Se estableció en Uruguay en 1939, donde trabajó como periodista, y después pasó a Argentina. En 1947, acabada la guerra, regresó a Italia, donde siguió siendo una personalidad influyente en la vida cultural; murió en 1961, después de haber vendido las más de mil doscientas cartas del Duce que tenía en su poder a un cirujano plástico estadounidense.

Margherita forma parte de una minoría de mujeres, junto a Rachele y muy pocas más, a las que el Duce no consideró inferior ni una mera vagina.

Mussolini era racista «por defecto», como muchos italianos

y europeos, hacia los árabes, los negros, los gitanos, y por la misma razón hacia los judíos. Pero nunca se había mostrado especialmente antijudío, pese a que luego dijo haber sido antisemita desde 1921. Gran parte de los más de cuarenta mil judíos italianos apoyaban al fascismo, y él tuvo colaboradores y amigos que lo eran. Pero en 1938, por una difusa convicción personal, por imitación de Hitler y presionado por los fascistas más fanáticos impuso leyes racistas, en un país relativamente indiferente a este respecto, en el que nunca había habido un «problema judío» y en el que sólo la Iglesia, y no toda, era antisemita. Mussolini ha quedado como un racista y antijudío casi a la altura de Hitler.

Como Stalin, poseía sin duda una cultura más amplia que la de Hitler o Franco, y a diferencia de estos dos escribía y hablaba bien. Al mismo tiempo, era un exagerado y ridículo narcisista, enamorado de sí mismo. Decía cosas increíbles y grotescas, que parecían dichas en broma. Pero lo hacía muy en serio. Completamente convencido, llegó a manifestarle a una de sus mujeres acerca de sí mismo: «¡Mira qué mandíbula tan fuerte, tan decidida! Comprendo que una mujer pueda enamorarse de un hombre así, que pueda dormir con una foto mía debajo de la almohada, como tú haces».

¿Histérica y estéril, o patriota y prolífica?
La mujer en el fascismo

En Italia, al igual que hicieron Hitler en Alemania y Franco en España, se promulgaron leyes que regulaban las relaciones entre el hombre y la mujer y la condición femenina en general. ¿Qué esperaba en realidad el fascismo de las italianas?

Por un lado, que fueran «las señoras de su casa», y por otro que participasen en la vida del régimen y le diesen su apoyo. El lema era «una mujer fascista para una Italia fascista». Se pretendía que tuviesen muchos hijos, que estuviesen sanas gracias al deporte y a los cuidados de la asistencia social, y al mismo tiempo que fueran buenas patriotas. Todo ello redundaría en el crecimiento demográfico y en el mejoramiento de la «raza», así como en producir un caudal de trabajadores y soldados. Mussolini sostenía que el papel femenino por excelencia consistía en «cuidar la casa, tener niños y llevar los cuernos». Si bien la familia era una institución social, también era política, y la maternidad, en el fondo, era lo único importante que podía hacer una mujer.

Mussolini aprovechó las ansias de modernidad posteriores a la Gran Guerra para redirigirlas hacia su idea de la mujer. Y durante estos años será esa la modernidad para la mujer italiana. Así surgieron diversas instituciones y entidades centradas en el mundo femenino que le dieron a la mujer la sensación de haber obtenido un espacio de importancia en el régimen. Era ciudadana, pero se prefería que no trabajase fuera del hogar; podía emanciparse, pero sólo controladamente. «El trabajo [de la mujer] —explicaba el dictador— torna imposibles la maternidad y la vida femenina.»

También el cuerpo de la mujer era un asunto de Estado: el propio Mussolini, que era un mujeriego y le gustaban «hermosas», definía con cierto cinismo unos cánones de belleza más bien deserotizados. Para el fascismo había dos tipos de mujeres, precisa Caranci: «La mujer-crisis, urbana, delgada, histérica, estéril y decadente, y la mujer-madre, sana, patriota, rural, fuerte, tranquila y prolífica. "Vano feminismo" opuesto al "sano feminismo"». Como explica G.C. Fusco en *Mussolini e le donne* (Mussolini y las mujeres), el Duce distinguía entre las «mujeres útero» (la esposa) y las «mujeres vagina» (sólo para el sexo). Se reprimieron las diversas formas de solidaridad «de género», que antes habían promovido los grupos feministas. Y tanto la mujer como el hombre fueron encuadrados desde pequeños y hasta la edad adulta en distintas y estructuradas organizaciones.

Se marcaba asimismo una diferencia entre mujeres «buenas» y «malas». El fascismo recluía a las prostitutas en locales bajo el control del Estado, de manera que la actividad fuera legal siempre que estuviese controlada. El sexo «bueno» era aquel que se practicaba dentro del matrimonio, a instancias del hombre y principalmente con fines reproductivos. En consecuencia, el aborto estaba prohibido y se premiaba a las familias con mucha descendencia. También estaba prohibido el control de natalidad, no por razones religiosas pues el fascismo era laico, sino más bien demográficas y políticas.

Añade Caranci que «la protección social de las madres corría paralela a la brutalidad de las relaciones macho-hembra, al pronunciado machismo de la sociedad italiana (fieles la mayoría de los hombres —y no sólo los fascistas, ni sólo los italianos, también otros latinos— a la frase bastante poco jocosa y brutal de "Todas las mujeres son putas, menos mi madre")».

Desde 1926 las mujeres no pudieron ser directoras de colegio; a partir de 1940 tampoco titulares de las cátedras de Latín, Griego, Letras, Filosofía, Historia, ni de Lengua italiana en los institutos técnicos. No muchas llegaban a la universidad, feudos masculinos donde las burlas y el machismo estaban a la orden del día. Se valoraban, en cambio, las actividades «femeninas» (puericultura, floricultura, comadrona, actividades caritativas, etc.). Los cargos de relieve estaban destinados exclusivamente a los hombres: sólo a una mujer, Adele Pertici Pontecorvo —quien tuvo un *affaire* con el Duce—, le fue dado alcanzar un puesto de cierta importancia como era el de consejera.

El fascismo, además, temía el tiempo libre para las mujeres, entendido «a la americana», algo que podía «masculinizarlas», todo esto a contrapelo de la cultura de masas que, imparable, se difundía desde Estados Unidos o Francia, contra lo cual ni las madres ni los regímenes podían hacer gran cosa: la propia Edda era una mujer independiente, dinámica e incontrolable. Así, durante el fascismo aparecieron numerosas revistas «para la mujer», que indicaba el camino a seguir.

Y si bien hubo mujeres —algunas de las cuales habían participado en las luchas políticas, como la Sarfatti, e incluso habían pertenecido a las bandas armadas fascistas, como Fanny Dini— que, aun dentro del régimen, trataron de modernizar el país y rebajar su nivel de machismo, gozaron de poco éxito. Desde 1925-1927, organizadas o no, ya no fueron interlocutoras para el régimen.

En Italia, por razones ideológicas, las elecciones políticas para el ciudadano eran inexistentes, más aún para las mujeres en particular: «Os diré que no daré el voto a las mujeres. Es inútil. En Alemania e Inglaterra las electoras votan a los hombres. [...] La mujer debe obedecer. Naturalmente, no debe ser esclava, pero si yo le concediese el derecho de voto se volvería contra mí. En nuestro Estado, la mujer no debe tener importancia», dijo pura y simplemente Mussolini.

Tampoco el racismo estaba ausente en la Italia del Duce: tanto en las colonias como en el propio país se prohibieron las relaciones interraciales. Sin embargo, más de uno se saltó esta proscripción, y prueba de ello son las decenas de miles de hijos, en general no reconocidos, nacidos en Somalia, Eritrea, Etiopía, etc. Claro que las mujeres que caían «en los brazos de los negros o los moros» eran castigadas.

Encuentros fugaces en la Sala del Zodíaco

Ya jefe del gobierno, Mussolini vivió con su familia oficial en Villa Torlonia hasta 1943. Giovanni Torlonia hijo le había ofrecido la posibilidad de residir en este magnífico palacio cobrando el ridículo alquiler de una lira.

Mussolini durmió en su cama en Villa Torlonia durante casi veinte años. Pasaba las noches solo porque Rachele utilizaba una habitación situada frente a la de él y separada por una *terrazza* abierta, mientras que los hijos y el servicio tenían sus cuartos en el segundo piso.

Pero fue el palacio Venecia —construido en 1455, primero domicilio del Papa y luego, en 1917, propiedad del Estado italiano— el lugar desde donde gobernó Benito Mussolini con mano de hierro. En su balcón principal proclamó el Imperio italiano en mayo de 1936 cuando anunció la anexión de Etiopía, y en la gran plaza se celebraban las multitudinarias manifestaciones fascistas. Pero este palacio fue testigo de otra de las actividades favoritas de Benito: sus encuentros sexuales.

Un cálculo reciente habla de unas seiscientas mujeres en toda su vida, y entre éstas de aproximadamente sesenta se conocen algunos datos biográficos. «He llegado a tener cuatro mujeres cada noche», alardeaba. Hoy esa promiscuidad compulsiva se consideraría un desorden de comportamiento diagnosticado como adicción al sexo. Este hombre había unido su enorme egocentrismo y el culto a su personalidad a ese frenético afán, que se avenía muy bien a su ideología virilista —se marginaba o agredía a los homosexuales—. «Cuando yo veía a una mujer, la desnudaba inmediatamente en mi mente», dijo alguna vez. Y desde que fue jefe del gobierno, no necesitó «cazar»: muchas se sentirán seducidas por su creciente poder, otras por su «virilidad» o sus fanfarronadas. Así, al igual que Hitler pero con resultados diferentes, Mussolini recibió miles de cartas de tono entregado y suplicante de italianas que querían pasar un momento con él.

Los encuentros eran en el palacio Venecia, y muchos de ellos se disfrazaban de audiencias. Él recibía a las elegidas en ese lugar prácticamente cada tarde. Y las poseía rápidamente, en la Sala del Mapamundi, muchas veces vestido enteramente y con las botas puestas. Con las más asiduas tenía sexo sobre la alfombra o sobre la mesa. Con las nuevas, en un banco de piedra, sobre el que antes acomodaba un gran cojín. A las que consideraba amantes de verdad las veía en la Sala del Zodíaco, que le parecía más romántica, bajo un cielo raso de planetas y estrellas.

Eran actos de naturaleza conejil, que duraban pocos minutos, pero ellas se sentían satisfechas de haber conocido al gran líder, orgullosas de haber sido tocadas por él, como fans encantadas de haber podido satisfacer los deseos del gran Duce. El gestor de este tráfico era su secretario Quinto Navarra, un informador de primera mano de las aventuras mussolinianas.

Una carta por día

Hubo otras mujeres importantes en la vida del Duce. Una de ellas fue Romilda Ruspi, quien logró desatar los celos de Claretta Petacci como una de las rivales de mayor filo. Casada con un tal Mingardi, exiliado en Francia, incluso llegó a vivir con su hermana en la propia residencia de Mussolini. Ruspi tuvo un hijo con el Duce en 1929, de quien nunca se supo nada. Parece ser que el padre le asignó una pensión. Y aunque después de muchos artilugios Claretta consiguió por fin que la Ruspi fuera trasladada a otro domicilio en 1938, Mussolini continuó viéndola a escondidas.

Otra de las amantes del Duce fue Alice de Fonseca, casada con Francesco Pallottelli. Era una mujer bellísima, alegre e inteligente. Se conocieron en Londres en 1922 y tuvieron dos hijos. Su historia es poco conocida, aunque se sabe que en sus viajes por Francia, Inglaterra y Estados Unidos era «embajadora» del Duce y del fascismo, y también que logró despertar los celos de doña Rachele y de la Petacci. Pese a todo, su relación duró nada menos que hasta 1945, cuando ella se encontraba refugiada en el lago de Como, en los últimos tiempos de la RSI.

La condesa Giulia Brambilla Carminati, ferviente fascista, escribió decenas de cartas al Duce alertándolo obsesivamente acerca de todo tipo de peligros. En una de esas cartas le expresó refiriéndose a la Petacci: «Me asombra que una persona como tú haya caído tan bajo como para estar con esa mujerzuela», y en 1938 le dirigió otra carta amenazadora. También mantuvo relaciones íntimas con el Duce, pero al llegar a los cuarenta años éste la marginó. «Era cruel con las mujeres "ya marchitas".»

Hay una Leda Rafanelli Polli —cuenta G.C. Fusco—, escritora y pintora anarquista, sacerdotisa de Zoroastro, que circulaba por Milán vestida de odalisca.

Angela Curti, hija de un admirador del Mussolini, fue una amante importante durante años, una Claretta Petacci en pequeño, y convivió esporádicamente con Mussolini en los últimos días de la República de Saló, adonde lo había seguido trabajando para él como secretaria. Con Angela Benito tuvo una hija, Elena —nacida en 1922, el año de la toma del poder—, quien siempre mostró gran admiración por su padre. Su madre fue procesada en 1945 por colaborar con el fascismo.

También cayó en sus brazos la famosa poeta Ada Negri (1870-1945), trece años mayor que Benito y próxima a los socialistas. Él le tenía consideración, aunque parece que la veía «vieja»; en 1931 se le otorgó el Premio Mussolini de Literatura.

Otra escritora-amante fue Cornelia Tanzi, quien le escribía una carta al día. Era muy guapa, pero como él le comentó a la Petacci, «frígida».

Hubo otras mujeres, que aquí sólo mencionaremos: la inspectora de organizaciones femeninas fascistas Olga Médici del Vascello; Elisa Lombardi, dirigente de la organización infantil fascista Ópera Nazionale Balilla; Rina Gatteschi Fondelli, fundadora del Servicio Auxiliar Femenino de la República de Saló; Elisa Majer Rizzioli, fundadora de los *Fascios* Femeninos... Y también periodistas, pianistas, curiosas, francesas, inglesas, españolas, sudamericanas...

Como señalan Caranci y otros autores, una amante inesperada fue María José de Bélgica (1906-2001), la princesa consorte de Italia, casada en 1930 con el heredero al trono, Umberto. De una dinastía abierta y tolerante la belga cayó en otra, los Saboya, cerrada, dura y puritana. Sus amoríos con Mussolini fueron mínimos, pero parece ser que existieron, según la propia familia de Mussolini. María José no apoyaba la guerra, y como pensaba que el Eje jamás saldría victorioso —lo que finalmente ocurrió— pretendía evitar sufrimientos innecesarios a la población. Mussolini la hizo vigilar por la policía. Se dice que la princesa llegó a proponer la eliminación del Duce y del fascismo y tomó contactos con los aliados, lo que irritó a su suegro Víctor Manuel III. La caída de Mussolini y el cambio de alianzas de Italia la llevaron a unirse a la Resistencia antifascista y se piensa que incluso llevó armas a los partisanos.

Las otras mujeres del Duce

Hubo otras mujeres que influyeron en la vida de Mussolini, pero no en calidad de amantes o esposas. Ellas fueron sus hijas Edda y Anna Maria y su hermana Edvige.

Edda, la preferida del padre, era enérgica, emprendedora e inquieta, y no callaba ante éste ni ante otras personalidades italianas o alemanas. En su casa la llamaban por ello «Sandokán», e incluso algunos la tachaban de *maschiaccio* («marimacho»). No soportó el colegio de «niñas bien» y debieron retirarla de él. Fue una de las primeras italianas en llevar pantalones y bikini; le gustaban los juegos de azar, fumar y hasta le ponía cuernos al marido (y él a ella). «Fui capaz de someter a Italia, pero nunca podré someter a mi hija», decía el Duce. Ella era una de las pocas personas filoalemanas que había en Italia —Ciano lo era muy poco— y apoyó en todo momento la política de su padre.

En 1930 Edda se había casado con Gian Galeazzo Ciano, con quien tuvo tres hijos. Ciano comenzaba su fulgurante carrera política. Cuando junto a otros éste votó contra Mussolini el 25 de julio de 1943 en el Gran Consejo del Fascismo, fue acusado de alta traición y condenado a muerte en el proceso de Verona. La propia Rachele conminó a su esposo a tener mano dura con «los traidores», pero Edda se enfrentó furibundamente a su padre (y a su madre) para intentar salvar a su marido, quien finalmente fue fusilado al año siguiente. Su cuñada Monica opinó entonces que esa era la gran diferencia entre madre e hija. Lógicamente, Edda no volvió a hablar con Rachele hasta muchos años más tarde, cuando reunió a toda la familia cerca de Nápoles y le propuso hacer las paces. Doña Rachele aceptó, la abrazó y besó, pero siempre estuvo presente en Edda el recuerdo de que había sido ella quien había hecho matar al marido. Y nadie pudo intervenir para salvarlo porque en realidad todos habían querido ese destino para Ciano. De su madre, Edda dijo: «Ella defendió a su hombre; yo defendí al mío».

Cuando Italia ocupó Albania (1939), el puerto de Saranda fue rebautizado como Porto Edda, hasta 1944. Durante la Segunda Guerra Mundial Edda recibió la Medalla de Plata al Valor Militar por su intensa labor como enfermera de la Cruz Roja en los frentes griego y ruso.

Tras el fusilamiento de Mussolini y el fin de la guerra fue extraditada a Italia, cuyo gobierno la desterró a la isla de Lípari y luego la amnistió. «Edda, la hija preferida del Duce, siempre dijo que al único hombre al que había amado en su vida había sido su padre, y es verdad», asegura Monica Mussolini. Se dice también que en Lípari tuvo relaciones amorosas con un oficial de las tropas de montaña comunista y partisano. Está enterrada en Liorna, junto a su marido.

En cuanto a *donna* Rachele, en los años de la RSI propugnó «mano dura para mantener el orden». Tras la guerra fue confinada a la isla de Ischia con sus hijos Romano y Anna Maria hasta 1948, y con el retorno de los restos del Duce a Predappio se instaló en Villa Carpena (Forlí), hoy museo, con su gallinero y su huerto, cobrando una pequeña pensión desde 1975.

Anna Maria Mussolini, la menor del Duce, a los siete años sufrió una poliomielitis vírica que le causó problemas toda la vida y provocó depresiones en el padre, que casi lo llevan a dejar el poder. Tras la ejecución de éste, el Comité de Liberación Nacional la detuvo y desterró a la isla de Ischia con su madre y un hermano. En la posguerra no utilizó el apellido familiar cuando en los años cincuenta trabajó en la Rai (radio italiana) en programas de arte y música. Y cuando su pseudónimo fue descubierto, se alejó de la actividad.

Mussolini tenía dos hermanos: Edvige y Arnaldo. Ella

(1888-1957) era una mujer tranquila y bondadosa —parecida al padre herrero, según parece— que llegó a tener alguna influencia sobre el Duce. En 1940 logró evitar la condena del escritor no fascista Dino Segre (llamado Pitigrilli), trató de convencer a su hermano de que hiciera menos severas las medidas antisemitas (1938) e incluso llegó a ayudar a muchas familias judías. Su hijo, Giuseppe Mancini, fue un mando subalterno en la Legión Tagliamento del ejército fascista de Mussolini, en la RSI, durante la Guerra Civil italiana, y fue capturado y muerto por los partisanos el 28 de abril de 1945. Muy ligada a Benito, conservó unos controvertidos (y quizá falsos) *Diarios de Mussolini*, a quien describió como intimista, melancólico, contrario a entrar en la guerra —lo cual era cierto—, «acomplejado» ante Hitler e «indiferente hacia los judíos».

Clara, la que eligió la muerte

Pero fue Claretta Petacci la amante total, la que más tiempo y más a gusto estuvo con él, la que lo siguió hasta la muerte.

Las relaciones efímeras de Mussolini, según Chessa, «pasan por un vínculo machista, carente de intelectualidad, con las mujeres que encuentra a diario, casi por esa idea muy de la época de compulsividad en el encuentro sexual. Por otro lado, tenemos a las amantes […], que son todas de cierta […] calidad moral, intelectual, cultural, personal. Y con ellas mantiene relaciones verdaderas, auténticas, de confianza. Y luego tenemos a su mujer. Pero ¿qué es lo que intenta hacer Clara Petacci al relacionarse con Mussolini? Ella quiere asumir, desde la posición en la que se encuentra, un rol de tal importancia en la vida de él como para poder algún día sustituir realmente a Rachele».

De todos modos, Clara, casi treinta años más joven que él, era el perfecto ejemplo de la mujer que vive supeditada al varón y cuyo prestigio sólo aumenta en la medida en que se incrementa el de él, pero que al mismo tiempo ejerce cierto poder sobre éste. «Si hoy estamos hablando de Clara Petacci —concluye Chessa—, es porque acompañó a la muerte a su hombre; si no, no sabríamos quién era esa mujer.»

Claretta se enamoró del Duce a los catorce años, cuando quedó sobrecogida tras uno de los atentados (que fueron cinco o seis) que él sufrió. El ya Duce no sabía que la joven tenía en su habitación recortes y fotografías de él, era como la típica adolescente que vive fascinada con el cantante o el actor de moda. El caso es que ella le quería fanáticamente desde siempre. Por fin lo encontró, un día de abril de 1932 cuando, con veinte años, iba en coche a Ostia y de repente un gran automóvil negro les adelantó y Clara vio que iba conducido por Mussolini. Pidió a su chofer que lo siguiera y que le alcanzara, cosa que por fin hizo gracias a que el Duce se detuvo momentáneamente en una rotonda. Cuando Clara lo abordó él quedó absolutamente absorto con la belleza de esta mujer morena, guapa, de intensos ojos negros y un cuerpo exuberante. En ese momento comenzó una historia que duró trece años, y que para ella fue «la razón de vivir», pues lo amaría de verdad, y casi seguramente él a ella. Una historia que sólo acabó con las balas de sus ejecutores.

Llorar por un cínico

En la partida de nacimiento figura con el nombre de Clarice. Era hija de Francesco Saverio Petacci, un médico del Vaticano, y de Giuseppina Persichetti. Según Chessa, el padre era un hombre prepotente y la madre, una mujer terrible.

Había nacido en Roma el 28 de febrero de 1912. Tenía una hermana y un hermano, Miriam y Marcello (quien aprovecharía descaradamente la «cobertura» de Mussolini para sus negocios). En la familia la llamaban Claretta, o simplemente Etta. Mussolini casi siempre le decía Clara y ella a él, Ben.

Mauro Suttora, autor del libro *Mussolini secreto*, recuerda que «la Claretta Petacci que se encuentra por primera vez con Benito Mussolini […] había sido educada en el culto a la personalidad del Duce. La suya era una familia fascista». Suttora cuenta que «cuando conoció a Mussolini Claretta estaba a punto de casarse —algo que efectivamente hizo— con el teniente de la Aviación Militar Riccardo Federici. Al comienzo, las relaciones entre el Duce y ella parece ser que fueron platónicas. Luego, poco a poco, las cosas fueron progresando. Ella comenzó a mandarle cartas de amor, que no tuvieron respuesta al principio, pero luego […] la relación se volvió carnal».

Clara engañó a su marido con el Duce durante casi cuatro años. Porque además de su encuentro en la carretera se las arregló para tomar contacto con él y solicitar una entrevista personal en 1932. El Duce la recibió de acuerdo con el procedimiento habitual: petición, asignación de la cita, espera, visita. Y quedó deslumbrado por Claretta. A partir de ese momento ambos iniciaron su relación extramatrimonial. Lo cierto es que aunque Rachele conocía este *affaire* e intentó acabar con él, no lo consiguió. La muchacha se separó del marido en 1936.

En su relación hubo momentos idílicos y otros de cansancio o dolor, por ejemplo cuando Claretta, que estaba embarazada, perdió al bebé a causa de un embarazo extrauterino.

A Mussolini le gustaba mucho Claretta, pero «ni siquiera una mujer joven y deseable como la Petacci lo satisfacía», cuenta el escritor Mimmo Franzinelli: necesitaba más. Quizá por ello, él la informa sistemáticamente de sus relaciones con las otras. Claretta era realista, conociendo la exagerada necesidad sexual de su Ben, pero también era profundamente celosa, por lo que siempre se enfurecía. Él también tenía relaciones con doña Rachele, aun cuando eran escasas y se reducían a los momentos en los que ella le imponía cumplir con los deberes conyugales, cosa que él hacía para que lo dejara en paz. El contacto quedaba resumido en su frase «Hoy he pagado el tributo». Claretta entendía, lo insultaba, lloraba, gritaba, desesperada: «Lloro por ti, cínico traidor», le decía. Lo quería sólo para ella, al tiempo que le confesaba: «Eres impulsivo, bestial».

¿Qué hacía Claretta cuando no estaba con él? Dice Bruno Vespa en *L'amore e il potere* que ella tenía una existencia cómoda, pero monótona. Vivía en casa de sus padres, se levantaba tarde, comía frugalmente y hacia las cuatro se presentaba en el palacio Venecia, donde esperaba pacientemente, escuchando música o leyendo, a que Ben terminase sus audiencias. Como afirma Chessa, «Mussolini, con su actividad sexual casi repetitiva, provocaba que Claretta tuviese miedo de que en otra parte del palacio Venecia él recibiera a otras mientras ella lo esperaba».

Engatusado

Las aventuras del Duce eran conocidas por todos los italianos, quienes por serlo, como latinos, las aceptaban tranquilamente y con un ápice de ironía y hasta de envidia. Sólo el Vaticano, sobre todo con el papa Pío XII, en el fondo favorable al fascismo, se mostró «escandalizado» y trató de aconsejarlo para que pusiese fin a la relación…, claro que sin éxito.

Para Suttora, «al principio Claretta parecía ser una de tantas… y luego, poco a poco, logró ahuyentar a las demás y se transformó en la principal, algo que le llevó años. Justamente a través de sus diarios se alcanza a entender cuán celosa era del resto de las mujeres. Se sabe además qué pensaba Mussolini al respecto. En realidad, son diarios sobre él, no sobre la propia Claretta porque ella, que era inteligente a pesar de no haber recibido una gran educación —había terminado sus estudios a los quince años—, escribía bien. Sólo durante 1938 redactó ochocientas páginas. El hecho mismo de que no se interesara por la política y fuera una total adoradora de su líder le hacía escribir cosas tremendas, por ejemplo respecto de los judíos… A los italianos nos gusta pensar que, a diferencia de Hitler, Mussolini fue apenas un poco antisemita y que lo fue tan sólo por imitar a aquel. Sin embargo, Claretta cuenta que Mussolini le dijo en una oportunidad: "¡Ah, judíos, pueblo maldito, los exterminaré a todos!". Y esto lo había manifestado en 1938, cuando impuso las leyes antijudías y cuatro años antes de que empezara la "Solución final" de Hitler».

«Hay también episodios más bien cómicos. Por ejemplo,

cuando Mussolini vuelve del balcón de la plaza Venecia, donde daba sus discursos, y le dice a Claretta: "¡Ay! ¡Las botas me lastiman, no puedo más!". Son escenas en las que nos parece estar viendo *El Gran Dictador*, la película de Charlie Chaplin. Se podría decir que fue Claretta quien dominó a Mussolini. Era impensable pero ocurría que Mussolini estuviese obligado, como cualquier otro pobre marido de una esposa celosa, a llamar por teléfono cinco, seis, diez, doce veces por día a Claretta, que no era su esposa sino su amante. Entonces, tenemos este absurdo total del dictador de Italia que, a su vez, era dominado por una jovencita de veinticinco años.»

En cuanto a los encuentros sexuales entre ambos, dice Suttora: «Naturalmente, eran la base de la relación. [...] Esta joven logró engatusarlo y obtener la exclusividad casi absoluta en materia amorosa. Y es muy divertido ver cómo consignaba con precisión en el diario cada vez que hacían el amor con una sigla secreta. Y le ponía calificaciones diciendo por ejemplo: "Esta vez lo hizo bien... Esta vez estaba un poco desganado... Esta vez lo hizo con gran fogosidad". Y de ese modo lo controlaba. Porque pensaba que si tenían sexo y él estaba cansado, significaba que probablemente la había traicionado el día anterior o en los días previos. Mussolini siempre tenía que rendir al máximo, algo difícil para un hombre que ya tenía cincuenta y cinco años. Pero él, a su vez, era muy orgulloso de su sexualidad y quería demostrar que era potente, potentísimo, no sólo en política sino también en la cama, y que todavía era joven».

¿Amante estúpida o fascista convencida?

Es muy interesante también el costado político del diario. Por ejemplo, en ocasión de la visita de Hitler a Roma, están escritas todas las confidencias que Mussolini le hizo a Claretta en privado: «Pero Hitler no es nadie comparado conmigo. Yo soy el que le enseñó a ser un nazi. Soy su maestro. Él conduce Alemania, pero yo conduje Italia». Aunque se da cuenta de que Alemania es más poderosa que Italia cuando asegura: «Yo estoy construyendo Italia desde cero; en cambio, la potencia industrial de Alemania, en definitiva, ya existía cuando Hitler llegó al poder».

Según Chessa, «Claretta, que parecía sencillamente sumisa, revela una fuerza y una habilidad política completamente inesperadas. Buscando, elaborando a partir de documentos, tuvimos esa posibilidad de descubrir a Clara [...]. Pero a medida que la descubrimos se nos muestra cada vez peor. No es más la amante estúpida que espera en casa la llegada del Duce. No es una inocente. Es fascista, antisemita, convencida de todo esto en su fuero interno. Es justamente el fruto de la cultura, la educación [...] burgués-fascista, y a fin de cuentas es una mujer terrible, que cree en el fascismo».

El 25 de julio de 1943, ante la desastrosa situación militar, el Gran Consejo Fascista, entre cuyos miembros se encontraba su yerno Ciano, votó en contra de la continuidad de Mussolini en todos sus cargos. El rey hizo detener al Duce, quien fue trasladado a un hotel en el Gran Sasso, en los Apeninos. Unos comandos alemanes lo liberaron (también a Claretta, «cómplice», y a sus padres y hermanos, de la cárcel de Novara). Mussolini se retiró al norte (en el sur estaban los aliados y los antifascistas) con sus partidarios, y cerca del lago de Garda, en Gardone, instauró la República Social Italiana (RSI), la llamada República de Saló, controlada por los alemanes. Allí también recalaron Rachele... y Claretta.

Caranci estima que «Claretta se convirtió sin querer en una especie de rehén de los alemanes, que podía ser útil para conocer las intenciones del Duce. Mussolini la instaló en un edificio junto al lago, Villa Fiordaliso, donde se había preparado una "habitación íntima", y allí iba a visitarla cuando anochecía para no ser visto. Ella nunca salía de la casa porque le aterrorizaba ser reconocida e insultada por los lugareños.

La vida de Mussolini en aquellos días era deprimente: en manos de los alemanes, en un pequeño pueblo de pescadores, se aburría con su amante triste y asustada y con una esposa desaseada, dura y polémica».

En septiembre de 1943, Italia quedó así dividida en dos bandos irreconciliables: los fascistas de la RSI, apoyados por Alemania, y los antifascistas de la Resistencia (comunistas, socialistas, socialdemócratas, liberales antifascistas, democristianos y nacionalistas no fascistas), apoyados por los Aliados. Los contendientes se enfrentaron brutalmente en una verdadera guerra civil de dos años, en el contexto del avance aliado por la península Italiana y de la ocupación alemana del norte.

Pero desde fines de 1944 el Eje fue cediendo terreno y a comienzos de 1945 todo estaba a punto de acabar. Mussolini dispuso entonces que la familia Petacci se refugiara en el extranjero, pero Claretta se rehusó a marcharse. En ese momento, su afán protector por el Duce se incrementó basado en un amor incondicional. En una carta a su hermana Miriam, que ésta debería leer sólo cuando llegase a Barcelona, en la España de Franco, donde se refugiaría a finales de abril, le decía: «No te apenes por mí. Yo sigo mi destino, que es el suyo. No lo abandonaré nunca, pase lo que pase. No voy a destruir con un gesto vil la suprema belleza de mi ofrecimiento y no voy a renunciar a ayudarlo, a estar con él mientras pueda».

Claretta no abandonó a su Ben, e incluso hizo planes más o menos fantásticos para resistir en los Alpes o salvar al Duce. Sea como fuere, Claretta quería seguir junto a él, pero ya no había tiempo.

Mussolini se trasladó a Milán el 25 de abril, Claretta lo acompañó y luego lo siguió a Como. Desde allí se intentó la fuga en compañía de fascistas fieles y de alemanes. Lo que sigue ya se sabe: el 27 la columna, que se dirigía al norte, fue detenida por los partisanos. Mussolini y Claretta fueron capturados junto a jerarcas fascistas, muchos de los cuales fueron ejecutados sumariamente en el mismo lugar por los partisanos, mientras que la pareja fue conducida a otro lugar.

Cartas de amor que ya son historia

Hagamos un breve alto para desgranar otras facetas de Claretta. Su hermano Marcello (que también fue ejecutado por los partisanos) mencionó que ella era «espía» o «al menos intermediaria entre los Aliados y Mussolini». Y para el sobrino de Clara, Ferdinando Petacci, su tía habría sido el contacto entre Winston Churchill y el Duce. De los diarios de Claretta sólo se ha publicado el correspondiente al primer año, no los de los años 1939-1945. Según su sobrino, esos diarios y las cartas que no vieron la luz podrían revelar esta función de intermediaria. Al final de la guerra incluso habría habido un acuerdo entre los agentes ingleses y la Resistencia (sobre todo con los comunistas) para recuperar la comprometedora correspondencia entre Mussolini y Churchill (quien había escrito en sus cartas al Duce que éste era «un gran hombre» que «había salvado a Europa del comunismo») y matar a quienes sabían demasiado: Clara y Marcello Petacci, a cambio de lo cual la Resistencia habría podido hacerse con el tesoro de la República de Saló. Pero no se trata más que de meras conjeturas que nunca han podido demostrarse. Por otro lado, Chessa incluye en su libro una carta del propio Mussolini que desmentiría el rumor: «No es cierto que Clara sea una traidora. No es verdad […] que hay un espía de los ingleses con quien ella tiene contactos».

Mussolini descubrió que Clara conservaba las cartas que le escribía pese a que siempre le había dicho que las rompiera. Ella respondía cada vez: «Las conservo porque son cartas acerca de nuestra historia y porque son Historia». Sin duda, ella tenía una conciencia muy alta de su rol en esa Historia. Todo esto lo hallamos en los diarios, aunque cabe aclarar que a veces se hizo ayudar por un sobrino en su redacción, lo que sin duda les quita cierta intimidad.

Chessa considera que «esta conciencia corresponde exactamente al lugar en el que Clara se ubicó. Ella no es como Margherita Sarfatti, la gran intelectual, musa del Mussolini joven, ni es tampoco Angélica Balabanova, […] que no es ese tipo de mujer moderna al que él estaba acostumbrado».

Regresemos ahora al momento de la detención. El Comité de Liberación del Norte de Italia no sabía qué hacer con el Duce prisionero. Entre las opciones, se barajó entregarlo a los aliados, o mantenerlo en manos de los italianos, o bien, como tercera posibilidad, apoyada por la aplastante mayoría de un comité compuesto por comunistas, socialistas (como Sandro Pertini, futuro presidente de la República Italiana), socialdemócratas, democristianos, etc., ejecutarlo.

Caranci entiende que «Churchill quería procesarlo pero salvarlo, y tratar de instaurar en Italia un fascismo sin Mussolini; los estadounidenses se debatían entre la prisión y la ejecución. Finalmente predominó la decisión del Comité de Liberación Nacional, que tenía prisa pues deseaba evitar que se lo arrebatasen los aliados.

El comunista Walter Audisio fue el encargado de la ejecución sumaria, el 28. El Duce y Claretta fueron conducidos a Giulino di Mezzegra, el sitio donde se consumó el fusilamiento. En el momento crucial Claretta se encontraba abrazada al Duce, apoyados ambos en una cancela. Le dijeron que se apartase: «Contra usted no hay nada», pero ella se rehusó y también fue fusilada. Todo un final adecuado a los personajes.

Tras la ejecución, al día siguiente, domingo, los cadáveres de ambos y de unos quince jerarcas fascistas fueron trasladados a Milán, a piazzale Loreto (donde había una estación de servicio que ya no existe) y colgados por los pies, como recuerdan Suttora y Caranci. El gentío insultaba y vejaba los cuerpos: precisamente en ese lugar, como lo indica un monumento existente hoy allí, en agosto de 1944 los nazifascistas habían asesinado a quince partisanos.

El final de Clara, según Chessa, la muestra «casi alucinada: esto tiene que ver con la identificación ideal con un hombre, en cierto modo con la ideología religiosa [...], mística, del fascismo: identificarse de tal manera con él que, en el momento en que van camino a la muerte, lo ve puro, libre; la esposa ya no está, y las amantes, las otras, han quedado en Roma».

Suttora explica que «es éste el único caso en la historia moderna en el cual el cadáver de un dictador fue expuesto para escarnio ante su pueblo [...]. Porque, como todos sabemos, Hitler se suicidó [y su cuerpo fue encontrado más tarde en terrenos de la cancillería]; Stalin murió en su cama, igual que Franco; Ceaușescu fue asesinado, pero a escondidas, y por último, Saddam Hussein fue ahorcado, sin ser exhibido ante el pueblo».

El fin de Mussolini y Claretta ha sido objeto de diversas polémicas a lo largo de los años. Ha habido teorías conspiratorias, hay quienes aceptan la versión oficial y quienes la rechazan, algunos dicen que se ocultó información que comprometía a Churchill. Lo que es real es que fue una muerte incómoda.

Que no se le vean los muslos

Hay algo especialmente grotesco, brutal y sucio en la historia de Benito Mussolini, personaje ridículo y ridiculizado, del que pueden hallarse similitudes con el ex primer ministro Silvio Berlusconi. Pero no deben olvidarse su dictadura de veintitrés años, la represión de los no fascistas, la defensa del gran capital, las agresiones contra otros países de Europa y África y la muerte de etíopes, somalíes, albaneses, libios, españoles, soviéticos, griegos, yugoslavos, franceses…, las leyes raciales, su alianza con los nazis, y la guerra imperialista y absurda a la que sometió a los italianos y a sus enemigos entre 1940 y 1945. Ni que causó más de un millón de muertos.

Aun así, en la actualidad, en Italia hay quienes siguen mitificándolo y añorándolo. Para el alcalde del pueblo del Duce, Giorgio Frassineti, «hoy los jóvenes en Italia están condenados a la precariedad laboral, tienen grandes dificultades para insertarse en el mundo del trabajo. Algunos de ellos piensan en buscar respuestas en el pasado, entonces vienen a Predappio a visitar los lugares en los que vivió Benito Mussolini, y sobre todo la tumba donde está sepultado, pues creen que él fue el protagonista de la única Edad de Oro que vivió este país. […] La inquietud de estos chicos es legítima, pero creo que la respuesta es equivocada. El fascismo fue un movimiento político que hoy está absolutamente archivado, […] que ya no puede dar ningún tipo de respuesta. Sin embargo, todo esto debe hacernos reflexionar».

En Predappio hay muchas tiendas de *souvenirs* del fascismo, recuerdos de Mussolini y Hitler. Pompignoli, el propietario de una de ellas, Predappio Tricolore, asegura sin rubor que «Mussolini fue uno de los mayores estadistas que hayan existido. […] Éramos envidiados por todo el mundo. Después vino la guerra, que fue un desastre. La ruina de Mussolini fue Hitler, porque si no hubiera existido Hitler, Mussolini todavía estaría en el gobierno. […] Nosotros abrimos este negocio en 1988. Porque en las décadas de 1960 y 1970 venían muchos turistas de todo el mundo a Predappio y buscaban *souvenirs* y nosotros vendíamos postales y recuerdos de Mussolini. Hoy las cosas de él se venden en toda Italia. [...] Y a España y el resto del mundo mandamos muchos productos, llaveros, camisetas». Pompignoli propone: «Se necesitaría nuevamente un Mussolini, uno en cada pueblo. Porque hemos reducido a Italia... Yo no soy racista, pero todos esos inmigrantes...».

Los nostálgicos del fascismo como Pompignoli añoran esa sociedad brutal y «ordenada» que estableció el Duce. Esa sociedad gobernada por un tirano que tantos males trajo no sólo a Italia, sino a muchos otros países. Esa sociedad que alababa a la mujer de boquilla y que en realidad la marginaba y la subalternizaba, cuando no la consideraba —como hacía su propio Duce— apenas una vagina.

Su muerte violenta estuvo en consonancia con su vida, con su dictadura: fue una muerte sucia, cruel, brutal, colgado cabeza abajo, pisoteado junto a Clara, su amante fiel, víctima innecesaria pese a su identificación con el fascismo. Fue la última aventura amorosa de estos trágicos amantes. La muerte de su última mujer no pareció importarle a nadie salvo, tal vez, a ese fraile que le sujetó la falda con un imperdible para que, colgada cabeza abajo, no se le vieran los muslos.

«A Dios rogando y con el mazo dando»
Las mujeres de Franco

La Puerta de Alcalá es uno de los símbolos más reconocibles de Madrid, ciudad fundada en el siglo IX por los árabes, con el nombre de Mayrit, en una antigua villa visigoda. Sobre la Puerta de Alcalá podemos observar todavía los efectos de la metralla durante los bombardeos de la Guerra Civil española, que llevó al poder al general Francisco Franco.

Una de las diferencias respecto de los otros dictadores de esta serie es que a Franco no le adoraron las mujeres, como sucedía con Stalin, Hitler y Mussolini. El poder que llegó a ostentar el Caudillo no atrajo admiradoras, y él mismo jamás demostró ningún deseo de flirtear ni de ser infiel. Doña Carmen, su mujer, no tenía razones para sentir celos de su marido. En realidad, en la vida de la pseudocorte franquista se respiraba un ambiente muy monacal.

Para el historiador Juan Carlos Losada, «Franco es un caso peculiar entre los dictadores en el tema de las mujeres, las amantes o el sexo. En contraste con otros, no se le conocen romances, aventuras, noviazgos, promiscuidad o cualquier tipo de comportamiento de los que pudiese aprovecharse de su cargo omnipotente como dictador. Era un tipo aburrido, peligrosamente aburrido y gris en todo, incluso en el tema del amor y las mujeres. Tanto es así que incluso corrieron gratuitos rumores de que una herida sufrida en Marruecos le pudo provocar impotencia y que su única hija no sería de él... No es cierto, pero muestra lo frío de su carácter en este tema».

A los españoles que nacieron después de los años cincuenta y por lo tanto no vivieron la cruelísima represión de la posguerra, Franco, su familia y quienes les rodeaban les resultaban más bien ridículos, absurdos y tragicómicos. Siempre parecían muy distantes, no sólo por la lejanía que inspiraba el poder dictatorial, sino también porque vivían apartados de la evolución que estaba experimentando el país. Se les veía aparecer en el NO-DO que era el noticiario oficial de la época y todo sonaba forzado, fingido, verdaderamente acartonado. Nos referimos a los últimos años del franquismo, desde finales de los sesenta y principios de los setenta hasta 1975, cuando murió el dictador. Para esa época el régimen se encontraba muy deteriorado y abundaban los aspectos grotescos, pero a pesar de todo siguió siendo una dictadura en toda regla hasta el final.

En una España que despertaba pujante, el régimen era anodino, mustio y parecía que allí nunca pasaba nada. Sin embargo, como veremos, bullían las luchas, las envidias, las miserias y muchas pasiones soterradas.

Un hijo inepto, ignorante y resentido

La primera mujer que influyó en la vida del futuro dictador fue su madre, Pilar, que lo dio a luz el 4 de diciembre de 1892 en

El Ferrol, Galicia. Francisco Franco descendía de dos familias cuyos integrantes habían trabajado durante generaciones para la Armada. Nicolás, el padre, siempre ausente, reunía todos los defectos que su hijo llegaría a odiar: era fumador, bebedor y muy mujeriego. «Todo ello —asegura Losada— lo había adquirido en los ambientes militares más relajados de las colonias, pues estuvo destinado en Cuba y Filipinas. Es más, en este último destino tuvo un hijo natural, al que reconoció y quien, años después, quiso conocer a su hermano Francisco, sin éxito. Además, su talante y pensamiento eran liberales, aunque no con sus hijos, a los que trataba con exceso de mano dura y con un autoritarismo que hoy llamaríamos maltrato físico. También era anticlerical y poco dado a rezos.»

Losada sostiene que efectivamente «era un maltratador de sus hijos, y sobre todo del pequeño Francisco. Por el contrario, doña Pilar era buenísima, conservadora, sumisa y resignada ante todo lo que le tocaba sufrir. La pareja se separó en 1907, aunque siguió viviendo bajo el mismo techo».

El historiador Paul Preston explica que «había tres hermanos y una hermana. El que se llevó muy bien con el padre era Nicolás; era muy hacedor, muy listo. Y luego estaba el pequeño Ramón, que era muy aventurero y ese también cayó muy bien a su padre; y en el medio estaba Francisco, que era muy el niño de mamá, y en ese sentido ya de entrada había un problema. Cuando se producían dificultades matrimoniales, Paquito siempre se alineaba con su madre. Yo creo que a los otros dos les daba igual, o sea que no eran muy sensibles».

Nicolás terminó abandonando el hogar y yéndose a vivir a Madrid con una joven amante, de profesión maestra. Fue un terrible escándalo para toda la familia y una humillación, en especial para Paco, que era muy distinto a Nicolás y Ramón, muy tímido y reservado, además de menudo, con figura poco agraciada y voz aflautada.

Franco consideraba a su padre como un ejemplo más de la España corrupta y decadente, y por el contrario a su madre como el símbolo del antiguo imperio español, heroico, tradicional, conservador, disciplinado y austero. La adorada madre de Franco murió en Madrid en 1934, y Franco, ya general, prohibió rencorosamente al padre entrar al velatorio y sólo permitió que mirara de lejos el entierro.

Tras enviudar, el padre se casó por lo civil con su amante Agustina Aldana en Madrid. Pero en 1937, en plena guerra, Franco promulgó una ley que prohibía los matrimonios civiles, incluso con carácter retroactivo, de modo que la amante de su padre volvió a ser simplemente eso: una amante. Era una muestra de la venganza fría que caracterizó a Franco durante toda su vida. En lo que a su padre concierne, ambos se profesaron una aversión manifiesta.

Nicolás no dudaba en descalificar permanentemente a su hijo ante todo el mundo tachándole de inepto, ignorante y resentido. Además le afeaba que odiara a la masonería, conformada, según Nicolás, por hombres cultos e ilustrados.

Muchos se preguntaron qué pasó por la cabeza del hermético Franco cuando su padre murió, en 1942. Lo cierto es que el Caudillo no se presentó ni a los funerales ni al sepelio, y además, como último acto de venganza por haber roto la paz de la familia, prohibió que Agustina asistiera. Sin embargo, se encargó de que el cuerpo fuera enterrado junto al de su madre en el cementerio de la Almudena. Quizá lo hizo por amor a la tradición, o quizá fue una especie de perversa revancha póstuma.

Simplemente Carmen

Tras una infancia difícil, la adolescencia de Francisco Franco no fue mejor. Ingresó en la Academia Militar de Toledo, en donde le fomentaron los valores básicos que regirían su existencia: austeridad, disciplina, militarismo, nacionalismo y una profunda desconfianza hacia la sociedad civil. En ese aspecto, también era diferente a los otros dictadores que estamos estudiando porque fue el único que tuvo una formación académica militar, mandó tropas desde muy joven y ascendió vertiginosamente en el escalafón gracias a sus méritos en la guerra de Marruecos.

«Él quiso entrar en la Armada —explica Preston—, pero tropezó con problemas, porque después del gran desastre militar de 1898 estaban cerrados los ingresos en la Marina y por lo tanto tuvo que entrar al Ejército, algo que al principio no le gustó. Debió de ser una de las primeras experiencias a las que él llamaba postergaciones en su vida. En la academia militar este niño de mamá no estaba muy feliz, luego fue a África. Una idea mía es que Franco psicológicamente pudo superar esos problemas creando máscaras. Una vez una periodista italiana me preguntó con qué figura histórica, o real, o de ficción lo podría comparar, y sin que yo supiera de donde salía (más allá de estudiar a Franco durante veinte años) respondí sin darme cuenta al Mago de Oz, es decir, como una persona vulnerable dentro de una máquina o detrás de una máscara. Franco para mí era muy falso, alguien vulnerable, pero que se imponía sobre la base de fingir ser otro personaje.»

Franco no visitaba los prostíbulos ni iba a las tabernas ni a los garitos de juego, como era habitual entre sus compañeros de armas. Odiaba ese tipo de diversiones quizá porque le recordaban a su padre. Losada cuenta que, «en 1912, con apenas veinte años, Franco llegó a Marruecos a luchar en las guerras coloniales. En la academia se había graduado con una nota muy mediocre, con el puesto 251 de los 312. Por entonces ya había alcanzado cierta fama como valiente y afortunado militar, que le habían supuesto ascensos y consideraciones». En 1917, ascendido a comandante, dejó Marruecos y fue destinado a Oviedo, la capital de Asturias. Un día acudió a una romería que le cambió la vida, porque allí conoció a Carmen Polo, una niña de quince años que estudiaba en un colegio de monjas muy estricto, tanto que la inmensa mayoría de sus compañeras terminaron tomando los hábitos.

Según la escritora Carmen Domingo, autora del libro *Conversaciones de alcoba*, «había una diferencia de clase social, que a ella no pareció importarle porque enseguida intuyó que su pretendiente, tímido, sólo preocupado por su trabajo, iba a prosperar dentro del estamento militar. Es decir, no salía de putas, no se emborrachaba, lo que hacían los militares —no sé si ahora pero antes sí que lo hacían mucho—; en aquella época, él era de los que claramente no lo hacían. Entonces ella le hizo pensar, que ya que era joven y había escalado muchos puestos, le iba a ayudar a seguir escalando».

Franco quedó impresionado con Carmen porque le recordaba a su madre. Era esbelta, con ojos misteriosos y profundos, y además era igual de recatada, religiosísima, altiva y distante. Su familia gozaba de una buena posición social y provenía de un medio aristocrático. Los Polo no estaban felices de que su niña fuera cortejada por un joven militar, sin fortuna, que además podía morir en cualquier momento y dejarla viuda. Hay que tener en cuenta que España en ese momento mantenía una guerra en el norte de África. Franco, que era un hombre tenaz, no se quedó quieto y comenzó a acudir a misa todas las mañanas para poder ver a Carmen aunque fuera desde lejos. Así se ganó a las monjas, quienes quedaron absolutamente admiradas de que un joven oficial acudiera tan fervientemente a la casa del Señor, algo que no era nada habitual.

En fin, Franco nunca se rindió y le enviaba cartas al internado de Oviedo, que eran interceptadas por las monjas y reenviadas a su tía. La familia de Carmen pretendía que se casara con alguien importante de la aristocracia ovetense y que además poseyera cierto patrimonio.

Según Preston, «uno de los problemas consistía en que ella era de una familia muy distinguida de Oviedo y una esnob tremenda. Él era de una familia militar de Galicia bastante venida a menos, un militar austero en sus gustos personales; no era muy de vinos, ni de gastronomía. En ese sentido era austero, y como la gran mayoría de los militares de su época, y sobre todo los africanistas, era, si no claramente anticlerical, por lo menos muy poco o nada religioso. Carmen, por el contrario, como una parte importante de la alta sociedad de Oviedo, era muy religiosa, e iba habitualmente a la iglesia, a misa y tenía relaciones con la jerarquía eclesiástica».

De modo que, aunque en aquellos primeros años de juventud Francisco no era especialmente religioso, y más bien parecía que compartía incluso esa especie de anticlericalismo corriente entre compañeros de armas, más tarde, poco a poco y sin duda por la influencia de doña Carmen, fue haciéndose más y más religioso, hasta llegar a ser un católico convencido frente a lo que consideraba la agresión del comunismo ateo.

Al morir la madre de Francisco, Carmen adoptaría también ese papel convirtiéndose casi en el único refugio para su esposo. La influencia a partir de ese momento debió de incrementarse considerablemente, porque el general adoptó costumbres extremadamente religiosas, acudiendo a misa casi todos los días por la mañana y muchas veces rezando el rosario por la tarde.

«Al morir doña Pilar —señala Carmen Domingo—, da la sensación de que aún se incrementa más el vivir por encima de las posibilidades, el aspirar a cosas que él no tendría por qué desear. Me da la sensación de que eso ocurre porque Carmen Polo coge las dos fuerzas, que estaban antes repartidas: la suya propia y la de la madre fallecida. Con el tiempo se fue convirtiendo no sólo en una consejera, sino más o menos en una supervisora de todos los temas.»

Según sus allegados, su religiosidad era algo que no practicaba para impresionar a Carmen, aunque sí le permitía un mayor acercamiento. Siempre fue más religioso de lo normal y la religión fue una parte fundamental del régimen.

Joseph Göbbels, el todopoderoso ministro de Propaganda de Hitler, llegó a decir que Franco era «un beato fanático, y permite que España esté prácticamente gobernada no por él, sino por su mujer y el padre confesor».

La familia Polo empezó también a mirar a Franco con mejores ojos cuando reprimió con gran éxito la huelga revolucionaria general de 1917, hecho que además le atrajo muchas simpatías entre la oligarquía del lugar, la que empezó a hablar muy bien de Franco en las más altas esferas del Estado.

Una corte grotesca

El noviazgo ya era oficial, aunque la boda se pospuso varias veces por las obligaciones militares de él. Sin embargo, explica Losada, «sus ansias de poder se vieron truncadas cuando fue relegado del mando de la Legión al que aspiraba sin conseguir ser ascendido a teniente coronel. Molesto, pidió el traslado a Oviedo a finales de 1922, lo que le fue concedido. De camino hacia allí pasó por Madrid en enero de 1923. El rey le concedió la medalla militar y le nombró Gentilhombre de Palacio, un título honorífico pero que significaba que el monarca le incorporaba a su círculo de militares selectos, valientes y de confianza. Cuando llegó en marzo todo Oviedo le esperaba como un héroe, y le hicieron homenajes a diestro y siniestro. Se fijó la fecha de la boda para junio. Sin embargo, un serio revés en Marruecos provocó la muerte del jefe de la Legión a principios de ese mes. Fue un golpe de suerte de los muchos que Franco tendría a lo largo de su carrera política y militar, pues fue llamado a toda prisa a comandar la unidad ascendiéndole a teniente coronel. Fue un sacrificio para los novios tener que aplazar la boda, pero sabían que era una excelente promoción profesional que la pareja no podía dejar pasar. En olor de multitudes partió para África fijando su boda para el próximo permiso».

Finalmente, Carmen, de veintiún años, y Francisco Franco, de treinta, se casaron el 22 de octubre de 1923 en Oviedo. El padrino oficial del novio fue el rey Alfonso XIII. Franco entró del brazo de su madre y Carmen con el gobernador militar de Oviedo, en representación del monarca. Ella ingresó bajo palio, inaugurando así una larguísima serie de este tipo de ditirámbicos honores.

Fue ascendido a coronel a los treinta y dos años y se mantuvo al mando de las tropas africanas. En 1926 fue nombrado general de brigada, lo que implicó dejar África, que era un ferviente deseo de Carmen. A partir de entonces fueron aumentando sus distinciones militares y honores, a la par que crecían la ostentación y las pretensiones sociales de su esposa, hasta rayar en lo grotesco, sobre todo a partir de los años cincuenta. Franco, siempre militar hasta la médula, alardeaba de austeridad y fomentaba en su vida cotidiana un estilo casi cuartelero; por ejemplo, es famoso el pésimo nivel gastronómico en El Pardo, cuya cocina gobernaba un suboficial. Pero esa sequedad del Caudillo no coartó en absoluto las ansias de lucimiento y de ascenso social de doña Carmen.

Destinado al mando de una brigada de infantería acuartelada en Madrid, se llevó a su familia, instalándose en un lujoso piso de la avenida Castellana 28, que su sueldo de general de brigada no daba para pagar, pero que fue un capricho de doña Carmen, cuyo padre había muerto recientemente dejándole una jugosa herencia con la cual pudieron pagar los gastos del piso y decorarlo al gusto de la señora.

El siguiente destino del matrimonio sería Zaragoza, de cuya Academia Militar Franco fue designado director en 1928. Allí Carmen Polo comenzó la tradición de rodearse de las mujeres de los oficiales que estaban bajo el mando de su marido: era la reina de una pequeña corte de mujeres sumisas, escogidas entre las que ella consideraba más leales. Y allí también establecieron amistad con el abogado Ramón Serrano Suñer, quien se casaría con la hermana de Carmen, Zita.

Una beata con poder

Franco era un hombre extremadamente hermético. Su único rasgo destacable era la imperturbabilidad, la frialdad glacial, la falta de expresión emocional, el silencio casi perpetuo. Y, sin embargo, en las fotos de los años jóvenes en la Legión, se le ve sonriente y relajado. Una alegría que después desaparecería.

Al menos en lo público, la relación con su mujer parecía ser también extremadamente fría. En las comidas de la pareja reinaba el silencio. De esta situación dio fe el secretario privado y primo de Franco, Francisco Franco Salgado Araujo, *Pacón*, quien prefería que no lo invitaran a comer con ellos porque era incómodo, ya que estaba en la mesa con dos personas que apenas pronunciaban palabra durante el almuerzo y parecían estar ajenos el uno del otro.

La explicación que daban en el círculo familiar sobre las características de Franco era que ese ensimismamiento, que muchas veces parecía falta de atención, no era real porque cuando le interesaba reaccionaba. Tenía un mecanismo de desconexión siempre que la charla le resultaba indiferente, pero escuchaba aunque no hablara, una particularidad que suele atribuirse a gente prudente. Al parecer no era así con sus amigos ni con aquellos que le atraían, con quienes era atento y, con frecuencia, locuaz.

Los que están en desacuerdo con esas versiones aseguran que en las comidas con Franco no estaba solamente *Pacón*, sino también los dos ayudantes y más gente, de modo que a la mesa siempre solía haber seis o siete personas. Todos recuerdan que las sobremesas se extendían y eran divertidas cuando participaba la hermana del Caudillo, Pilar, una persona muy abierta. En cuanto a las cenas, el matrimonio solía hacerlas en su cuarto y generalmente solos.

Carmen Domingo dice: «estaba pensando en el refrán tan español de "A Dios rogando y con el mazo dando". Yo creo que a doña Carmen le iba muy bien, porque la imagen era un poco de la beata que se centraba en misa, que no se metía en nada, pero era la que se acostaba cada noche con el Caudillo, o casi cada noche, o por lo menos compartían habitación. Cuando se cerraba esa puerta era una influencia nefasta, desde mi punto de vista; fue ella la que le ayudó a él a arrancar y a alcanzar un lugar al que nunca, creo, Franco se había planteado llegar».

A veces, cuando él sentía que se estaba entrometiendo demasiado, le decía siempre la misma frase: «Tú calla que de esto no sabes nada», pero la verdad es que la historia ha demostrado que doña Carmen sí sabía cuándo y cómo opinar para ser escuchada. Por ejemplo, parece que fue ella quien consiguió desplazar del poder al hermano mayor de Franco, Nicolás, al que

Carmen detestaba porque era un hombre fanfarrón, vividor, anticlerical. Es decir que tenía todos los defectos que ella odiaba y que además le recordaban al adúltero de su suegro. Carmen, al parecer, nunca llegó a apreciar la extraordinaria habilidad negociadora de su cuñado ni a agradecer su relevante papel en el ascenso de su esposo. Y eso a pesar de que siempre tuvo una clarísima conciencia del poder, tanto como de su ambición de ascender socialmente. En ese aspecto deben recordarse los repartos de títulos nobiliarios a los amigos del régimen, algunos verdaderamente chocantes. Por ejemplo el que recibió en 1955 el industrial Pedro Barrié: conde de FENOSA (Fuerza Eléctrica del Norte Sociedad Anónima), el nombre de su empresa de energía eléctrica.

Pero regresemos al ascenso militar de Franco y a su carrera.

Confesores, capellanes y la mano de santa Teresa

En abril de 1931 Alfonso XIII abandonó España y se proclamó la República. La Academia Militar de Zaragoza se cerró, algo que Carmen Franco vivió como una humillación ya que debieron volver a Oviedo porque su marido no tenía destino militar. Se sentía la esposa de un caído en desgracia, cuando ella se había casado con un héroe siempre en ascenso.

La falta de destino fue breve. En febrero del año siguiente Franco fue destinado a La Coruña como jefe de una brigada de infantería y, luego, en 1933, como jefe militar de Baleares, con sede en Palma. En 1934, después de que los partidos de derecha triunfaran en las elecciones, fue ascendido a general de división y coordinó la represión contra la huelga revolucionaria de los mineros asturianos.

El ambiente político cambió en febrero de 1936 con la victoria del izquierdista Frente Popular. Franco fue desplazado de su puesto y enviado a la comandancia de las islas Canarias. El 18 de julio, parte de las Fuerzas Armadas se rebeló contra el gobierno legal de la República. A medida que pasaban los meses, Franco se hizo con la jefatura militar y política de los rebeldes, perpetuando esa situación tras la victoria en 1939 y convirtiéndose en el dictador que gobernaría España hasta su muerte.

A pocos días del golpe de Estado, su mujer y su hija partieron rumbo a Francia, para esperar allí los resultados de la sublevación y evitar correr riesgos si las cosas salían mal. La familia fue respaldada por el banquero Juan March, quien depositó a nombre de Franco medio millón de pesetas en un banco francés para evitar cualquier apuro. En septiembre de 1936 los Franco se reencontraron en la España Nacional.

Losada explica que, «a partir de ese momento, el matrimonio estaría rodeado de confesores y capellanes. Años después, en la Guerra Civil, se haría con la macabra reliquia de la mano incorrupta de santa Teresa, que guardaría siempre en su mesilla de noche, y que llevaría consigo a cualquier viaje. Sólo tras su muerte su viuda devolvería a las carmelitas la preciada reliquia».

Bombones rancios

Durante el transcurso de la Guerra Civil, María del Carmen Franco Polo, *Nenuca*, la hija del matrimonio, con diez años en 1936, entraba con sus padres a las zonas ocupadas, ataviada con gorritos legionarios, y vivía con alegría los recibimientos triunfales de la población, mientras cantaba las marchas militares de las fuerzas rebeldes. Su educación, rodeada de lujos y poder, fue el fruto de profesores privados, de quienes recibió el título de bachiller.

Una de las pocas acciones políticamente generosas de Carmen Polo, que todos reconocen como de gran valentía, ocurrió cuando asistió el 12 de octubre de 1936, como esposa del Caudillo, a un acto en la Universidad de Salamanca. El ex jefe de la Legión, general José Millán de Astray, culminó una breve intervención gritando «¡Viva la muerte!», a lo que el rector de la Universidad de Salamanca, Miguel de Unamuno, respondió «¡Viva la vida!», y en medio de una trifulca monumental éste replicó: «¡Venceréis, pero no convenceréis!». Los fanáticos quisieron agredir al viejo profesor y Carmen lo evitó tomándolo del brazo, protegiéndolo con su escolta y sacándolo del paraninfo en su automóvil.

Fue un hecho llamativo, porque doña Carmen no se implicó en evitar ninguno de los miles de fusilamientos que ordenó su marido durante la guerra y después de 1939, y no porque no recibiera numerosas peticiones de ayuda. Al parecer hubo una sola excepción: «En un caso sí lo hizo —relata Losada—, fue con el hijo de una prima suya que estaba preso en la cárcel de León, si bien esta pobre mujer tuvo que esperar horas, suplicar y llorar hasta obtener una milagrosa carta liberadora del Caudillo. Este hecho refleja que Carmen sí que hubiese podido influir hacia la indulgencia en su marido mucho más de lo que lo hizo. No se le conocen disputas por estos temas, ni peticiones de indulgencia. Apoyaba la represión, la mano dura. Sin duda, tenía un corazón muy duro».

Además empezó a recibir con falsa modestia regalos ostentosos que la gente hacía a su marido por mero compromiso o por adulación. Por ejemplo, no tuvo dudas en aceptar una enorme finca en El Escorial que les regaló un noble como agradecimiento por haber salvado a España, y tampoco la casa señorial de Galicia, el Pazo de Meirás, que fue adquirida por una suscripción pública más o menos obligatoria, y otras muchas dádivas.

A juzgar por sus actos, doña Carmen tenía la ilusión de ascender hasta lo más alto de la escala social. Cuando terminó la contienda su deseo era el de vivir en el Palacio Real, donde habían residido los reyes de España. También pretendía que, como recompensa a los méritos de Franco, le pagaran un sueldo mensual elevadísimo.

Pero Ramón Serrano Suñer, el hombre de confianza del dictador por aquellos años, consciente de que la sociedad española de posguerra estaba hambrienta y pauperizada, recomendó a Franco que no viviera allí y que tampoco se pusiera un sueldo tan elevado. Finalmente, decidieron residir en el Pabellón de caza de Carlos III en El Pardo, que fue decorado para que pareciera un pequeño palacio real.

Sobre este tema, Carmen Domingo señala que los deseos de Carmen Polo pasaban por vivir en el palacio Real, pero claro, tuvieron que invitarla a ser más discreta. Sin embargo, siempre quería un poco más, incluso más que lo que le tocaba, que ya, siendo como era la mujer de Franco, tenía más que el resto de los españoles.

Con el tiempo el aspecto físico de doña Carmen fue reflejando su personalidad. Así aquella adolescente esbelta, atractiva, de ojos oscuros y soñadores, empezó a parecerse a lo que los críticos del régimen decían que era: una urraca. Acaparaba absolutamente todo, joyas, antigüedades, cuadros, dulces, flores, bombones... Los montones de regalos que recibía eran clasificados. Atesoraba lo que le interesaba, incluso productos perecederos, que luego regalaba sin advertir que estaban deteriorados, como sus famosos bombones rancios. Otra muestra de su avidez fue que fundió las medallas, bandejas y placas que había ido recibiendo Franco como obsequio y homenaje y los convirtió en lingotes de plata u oro.

«Carmen Polo era codiciosa —asegura Preston—. No era nada generosa, y tenía gustos muy extravagantes. Entonces, lo de los regalos llegó a un punto que el problema principal era cómo almacenarlos. Y ciertas cosas, por ejemplo los regalos de bandejas de barcos con nombres grabados, con inscripciones muy políticas agradeciendo los servicios a la patria, todo eso lo mandaba ella a fundir en lingotes.»

Preston explica que pasó «muchos años estudiando a Carmen Polo y no sé de dónde sale la idea de que fuera sumisa, porque la imagen que yo tengo y que tienen muchos es de una mujer increíblemente mandona, incluso con su marido, o sea que en este caso dentro de la casa la persona sumisa era el propio Franco. Era religiosa en el sentido de ir a muchas ceremonias de la Iglesia, pero de sus creencias y de su espiritualidad no lo puedo comentar, porque sus acciones contrastan bastante con las ideas que tenemos de lo que es ser un cristiano de verdad».

Sin faltas ni deslices

¿Cómo pudo una mujer de estas características cobrar tal grado de persuasión y por lo tanto, en forma indirecta, tal grado de poder, mucho más que las otras que estamos analizando? En primer lugar, ambos eran personas muy prácticas. No tenían un atisbo ideológico que fuera el horizonte en sus vidas, salvo el culto al poder, el nacionalismo español y su anticomunismo. Eso hizo que Franco se rodeara de hombres de la Falange, de liberales, de monárquicos, o de todos aquellos que mejor pudieran servir a su primer objetivo: conservar el poder a toda costa. En ese aspecto no se puede dudar de que alcanzó el éxito, porque el país tuvo que esperar a su muerte para cambiar. ¿Qué significaba en todo esto Carmen Polo?

Aunque la imagen oficial era la de una mujer abnegada, callada y hogareña que no se metía en nada, era el motor de Franco. En particular en lo atinente a su ascenso social. La ambición de doña Carmen promovió probablemente las ansias de revancha del Caudillo por esa infancia infeliz.

Además, estaban convencidos de que Dios los había colocado en el lugar en el que estaban, algo que los fue alejando de la realidad, en especial en los últimos años. La influencia de doña Carmen creció a medida que la decadencia física y mental se apoderaba de su marido, en especial a partir del Parkinson, que se manifestó a principios de los años sesenta, cuando no existían adelantos científicos que permitieran atenuar los efectos devastadores de la enfermedad. El aislamiento fue el carácter distintivo del régimen, que se desintegraba dentro de sí mismo.

Fue cuando las inteligencias más claras comenzaron a apostar por una apertura, algo al menos, para que todo quedara «atado, bien atado». Como decía el escritor italiano Giuseppe Lampedusa: «Cambiar algo para que todo siga igual».

Doña Carmen era intensamente adulada por la nueva clase aristócrata de falangistas. Además se decía que la señora era la llave para el reparto de influencias y que podía impedir el acceso a los centros de poder. Respecto de las relaciones con los empresarios, Carmen Domingo opina que los hombres de negocios «lo tenían más complicado para llegar a ella, salvo si lo hacían a través de un regalo, algo que se acostumbraba bastante». «Es muy fácil rodearte de una corte cuando, si tú pides algo y no te hacen caso, mañana le puedes decir a tu marido: "Oye, yo creo que fulanito en lugar de ser ministro de Defensa debería estar en una cantera". No lo mataban, pero claro, era degradado», agrega.

Doña Carmen no toleraba ningún desliz amoroso en el entorno de políticos y militares. Ninguna desviación del modelo más tradicional de familia. Al parecer, incluso opinaba y se inmiscuía en la conveniencia de los noviazgos y de los matrimonios aunque fueran legítimos, y desde luego para permanecer en el círculo íntimo no se podía tener amantes o un matrimonio que no marchara bien. El divorcio no estaba permitido en la España franquista, pero ella ni siquiera admitía una separación o una convivencia que no fueran perfectamente católicas tradicionales.

Curiosamente, su cuñado Serrano Suñer, llamado también el *Cuñadísimo* porque en los primeros años del régimen adquirió una importancia enorme, terminó convirtiéndose en uno de los más íntimos enemigos de doña Carmen, por varias razones. En primer lugar porque aconsejó que no vivieran en el palacio Real, en segundo lugar porque era guapo, inteligente, culto y cada vez controlaba más poder y alcanzaba más brillo. Una de las gotas que colmó el vaso fue cuando ella se enteró de las infidelidades múltiples y abiertas de su cuñado a su hermana Zita, quien por otra parte sabía esta situación y la aceptaba con resignación y sumisamente. Pero doña Carmen no. El escándalo llegó a niveles intolerables cuando Serrano Suñer tuvo una hija de una de sus amantes, que para colmo estaba casada. De modo que el *Cuñadísimo* cayó en desgracia y fue alejado del poder, desde luego por razones políticas, porque era un encendido filofascista y resultaba incómodo cuando el Eje estaba hundiéndose. Pero la enemistad con doña Carmen influyó decididamente para su caída tan abrupta.

Respecto de la influencia de doña Carmen en el régimen, Preston considera que «evidentemente no hay ninguna prueba de las conversaciones en la cama o en privado, pero hay mucha evidencia circunstancial y comentarios de gente que les conocía mucho. Ella era muy ambiciosa, pero él también, nunca le faltó ambición. Sin embargo, había momentos en los que ella le alentaba, sobre todo a principios de la guerra, cuando él tenía dudas. Sobre ese particular hay mucha evidencia, y luego, una vez que ella empezó a gozar del poder, había unas intromisiones en la selección de ministros y cosas así».

Quienes defienden las actitudes de doña Carmen consideran estas afirmaciones una tergiversación, y aseguran que no se inmiscuía porque en primer lugar Franco no lo hubiese permitido. Lo que no pueden negar es el grado de influencia que alcanzó la Iglesia, de verdad hasta niveles excesivos.

Una muestra de la incomodidad que sentía Carmen Polo ante el origen social de su marido fue la remodelación que realizaron en la casa materna de los Franco para borrar su modesto nacimiento y convertirlo en algo más selecto y distinguido. Cuando el museo fue inaugurado nada tenía que ver con la casa original, lo que entre otras cosas produjo la protesta de la hermana del Caudillo. Era evidente que Carmen quería reescribir la historia, en especial aquella parte que la hacía sentir inferior y que podía menoscabar su brillo en los tiempos en que detentaba un poder pleno, con su propia corte, revelando una influencia que ninguna otra mujer en España podía ostentar y que fue superior a la que ejerció el resto de las mujeres que estamos analizando.

La collares

La hija de los Franco era habitual, como su madre, de reuniones de todo tipo: caridad, fiestas y en especial cacerías, la actividad preferida por el dictador, que eran centrales en la cotidianeidad de la vida franquista. Allí era donde se presentaban quienes estaban cercanos al régimen y quienes pretendían estarlo, porque era el lugar donde se discutían y concretaban negocios de todo tipo y se gestionaban favores del Caudillo.

«Una vez estábamos en la finca de Antonio Burgos —recuerda el periodista Jaime Peñafiel—. [...] Era un lugar de caza al que siempre iba Franco con sus allegados, y al que yo iba como periodista, ya que nunca me gustó cazar. A Franco siempre lo vi viejo. Seguramente no lo sería, pero yo le vi viejo. Era un hombre bajito, con piernas cortitas. Era un verdadero espectáculo verle ensillar el viejo caballo que tenía y con el que había que subir el cerro. Era caza en el monte. Participaban de aquella operación unas seis personas: el guardia civil que sujetaba el caballo, otro por atrás para que el animal no hiciera ningún movimiento, otros dos guardias de un lado y otros dos del otro. Era todo muy violento, porque lo subían, y como él se encontraba a la altura de la silla se escuchaba una voz que decía: "¡Excelencia, la pierna!", entonces su excelencia echaba la pierna. Pero como era piernicorto, a veces no llegaba y había que bajarle, mientras del otro lado los guardias civiles estaban atentos por si lo empujaban demasiado. Era un trámite que se repetía varias veces. Finalmente quedaba ensillado, y comenzábamos todos como en una fila india detrás de su caballo, los guardias civiles, los ayudantes, esta persona que habla, todos detrás. Al final llegábamos a un sitio solitario, alejado, donde había un corralito de piedras, y quedábamos Franco, su secretario y este periodista. Después se marchaban todos y adiós, ahí nos quedábamos los tres a las once de la mañana, con un frío tremendo y con un paquetito donde nos habían dado un taco, que era una tortilla de patatas, cerveza y algo de chorizo. Allí me pasaba todo el santo día. [...]

»Yo estaba atento cuando Franco me miraba —continúa—; nunca me hablaba, hasta que un día sí me habló. Yo estaba en un rinconcito, mientras él ni comía, ni bebía, ni meaba. Cuando teníamos necesidad, el secretario y yo abandonábamos el corralito y evacuábamos tranquilamente. Recuerdo que me miraba como se mira a un perro. Un día me de pronto me dice: "Peñafiel", y yo: "Dígame, Excelencia", y enseguida, muy exasperado: "¿Usted cree que mi fotógrafo es masón?". Hay que colocarse en ese tiempo. Franco tenía una fijación con la masonería; para él, todo el que era enemigo suyo era masón. Por ejemplo, lo decía de don Juan, y hasta del duque de Alba, porque todo aquel que hablaba bien de don Juan lo era. Yo casi no podía responderle. Me había quedado con la boca abierta. Una bocanada de aire frío me llegó hasta los pulmones, y en el momento en que iba a decirle: "No sé, no sé, no sé", el secretario le dijo: "Excelencia, excelencia…". Me acuerdo que saltaba un gamo, él disparó y le dio, porque tiraba muy bien. Quedé lo que vulgarmente se dice acojonado, que de pronto a mí me estuviera invitando a delatar a alguien. La verdad, yo me asusté de tal manera que al día siguiente me quedé en la finca. La cacería duraba tres días; como siempre, después de ensillar a Franco, Antonio Carrera Burgos me dijo: "Bueno, tú te vas con su Excelencia", y yo dije: "No, yo hoy no, hoy me voy a quedar aquí". Temía que Franco volviera otra vez con el tema del masón…» Por supuesto que esta anécdota debe ubicarse en el marco de un Franco anciano ya que, como militar, y especialmente durante su juventud, montaba bien a caballo.

Todo nuevo producto que por primera vez llegaba o se fabricaba en el país era enviado como regalo a El Pardo, al margen de qué se tratara: automóvil, bicicleta, loza o artículo de cocina. En aquella España de los Franco, corría como reguero de pólvora la versión de que la llegada de doña Carmen a una joyería constituía un disgusto para los propietarios, porque elegía aquello que le gustaba y luego pedía que le enviaran la factura. La historia decía que pocos se animaban a hacerlo, y que como consecuencia de esa situación los empresarios o cerraban sus locales cuando sabían que la señora iba a estar en la ciudad o creaban una especie de seguro financiado por las principales joyerías, quienes de esta manera dividían las pérdidas ocasionadas por la visita. Su debilidad eran los collares de perlas, de los que llevaba varios simultáneamente. Así fue conocida popularmente como «la collares».

Respecto de la discusión sobre si Carmen Polo pagaba o no sus cuentas, Peñafiel opina que «eso no es exactamente así; es decir, doña Carmen siempre pagaba, lo que pasa es que no había quien tuviera el valor de cobrarle, que es diferente, porque había temor de que si cobraba le mandaran a los inspectores de Hacienda…, y como entonces había la segunda y la triple contabilidad…, los joyeros decidieron no cobrarle. Pero no es que ella se negara, es más, se pedía que mandaran la factura, y creo que la primera vez que alguien mandó, en El Pardo, pagaron, pero luego le enviaron los inspectores de la comunidad».

Para Preston «esta situación es vox pópuli, es lo que se llama un mito urbano, algo que lo cree todo el mundo. Y eso en España lo cree todo el mundo. Lo que pasa es que no hay evidencia escrita».

También sus familiares aseguran que le gustaban las joyas, pero que nunca dejó de pagar ninguna. Explican además que siempre andaba con el trapicheo; le gustaban los intercambios, de objetos y de muebles, y además compraba pisos cuando se estaban construyendo, para luego dejarle a cada nieto una vivienda. Aseguran que lo que sí ocurría era que los comerciantes le ofrecían un muy buen precio por los artículos en los que se interesaba para asegurársela como clienta.

Los obsequios recibidos por el matrimonio alcanzaron un

valor de varios millones de pesetas. Además recibieron o compraron a precios ínfimos alrededor de quince propiedades de todo tipo: casas, palacios, pisos, fincas.

Jaime Peñafiel recuerda que «en el día de la Virgen del Carmen, todo el gobierno, y todo el que significaba algo en este país, colmaba de regalos a El Pardo. Doña Carmen recibía ramos y ramos de flores y luego los repartía entre las amigas. Un día le envía uno de esos ramos a una íntima amiga suya, quien la llama para agradecerle el obsequio: "Ay, Carmen, qué emoción, qué emoción, qué emoción" [...] "Pero si sólo es un ramo de flores, pues como siempre". [...] "No, no, no, no, estoy emocionada, no sé qué decirte, que, es que, que yo no me merezco esto, y porque yo te quiero mucho, pero no tienes por qué esto, porque qué maravilla"... "¿Cómo qué maravilla? Bueno, uno de los grandes ramos, el mejor para ti, porque eres mi mejor amiga..." "No, no, no disimules." "¿Cómo quieres que disimule...?" "Pero es lo que venía con el ramo..." Ese fue el momento cuando Carmen se preguntó y le preguntó a su amiga: "¿Qué iba con el ramo?". "Bueno, Carmen, un brillante." "¿Cómo?" Allí se terminó la conversación, e inmediatamente doña Carmen mandó a recoger el brillante que estaba escondido entre las flores».

Para Peñafiel «ella era tan avariciosa, tan avariciosa, que todo lo que había en las casas, y sobre todo en el Pazo de Meirás, eran obras de arte junto a unas cosas horribles, horribles. Aquello era una especie de baratillo...».

Boato, derroche y poder

Cuando en diciembre de 1944 se realizó la fiesta de presentación en sociedad de la hija del matrimonio a sus dieciocho años, se organizó un baile donde «se tiró la casa por la ventana», en tanto la sociedad española vivía en medio de la escasez y el hambre. Hubo dos mil invitados y el hecho fue presentado como un acontecimiento nacional.

Luego siguió el casamiento de Carmen con el médico Cristóbal Martínez Bordiú, en 1950, que avanzó un poco más en la caricatura, con el novio vestido con uniforme de la Orden del Santo Sepulcro, infinidad de medallas en el pecho y tocado con un casco de plata. Al principio los Franco se opusieron a la relación, pero Carmencita no aceptó ninguna objeción y, finalmente, los padres aceptaron al novio. Hubo ochocientos invitados y miles de regalos, pagados, en el caso de los organismos oficiales, con dinero público. El matrimonio tuvo siete hijos en catorce años, por lo que Nenuca estuvo embarazada casi continuamente durante tres lustros. La fecundidad de Carmencita fue ejemplar para España. Franco, como los nazis y los fascistas, otorgaba premios a las familias numerosas.

Bien distinta era la situación de las mujeres de posguerra. Hasta mayo de 1975 debían tener la autorización del marido para poder trabajar, para sacarse el pasaporte, comprar un automóvil, tener una cuenta bancaria. Y el esposo podía cobrar el sueldo del trabajo de su mujer. Si bien ya en los años sesenta, en la mayoría de los casos, los esposos no se aprovechaban de la legislación en ese sentido, lo cierto es que existía y se podía aplicar. Estas situaciones eran toda una definición del lugar que tenía reservado el franquismo para la mujer.

La dirigente de la Juventud Socialista Soraya Vega explica que «mis tías, mi madre e incluso mi abuela me cuentan que ellas lo único que tenían que hacer era estar en casa y ya está. Estar en casa al cuidado de la familia, del negocio familiar en este caso, y luego, cuando pasaran los años, o llegar a una edad determinada y pudieran marchar, si se casaban marchaban. La realidad era, y un poco sigue siendo, que no dejas de depender, primero de tu padre y después de tu marido. De lo contrario, parece que la mujer no puede marcharse de su casa. Cuando a mí me lo transmitieron en aquellos tiempos yo era pequeñita, pero sigo viéndolo un poco así. Si una mujer quiere irse de casa y emanciparse, para hacerlo todavía pasa de depender de su padre a tal vez no ya de un marido pero sí de un novio, o de un amigo, alguien que generalmente va a ser masculino».

Hubo dos elementos que fueron fundamentales para cambiar la situación de la mujer y las características de la sociedad: el comienzo del bienestar económico después de muchos años de posguerra llenos de necesidades y carencias, y la llegada de los turistas, que sirvieron para conectar a los españoles con el resto del mundo, con otras costumbres, con otra moral. La incorporación de cerca de un millón y medio de mujeres al mundo laboral entre 1968 y 1975 significó un cambio radical en el papel femenino en el hogar.

La nieta mayor del matrimonio Franco, también llamada Carmen, se casó con Alfonso de Borbón, primo hermano del príncipe Juan Carlos y nieto del último rey español, Alfonso XIII. La cosa estuvo rodeada de un clima conspirativo porque doña

Carmen hizo todo lo que estuvo a su alcance para que el relevo de su marido en la jefatura del Estado fuese Alfonso y no el designado Juan Carlos. También impulsaban la idea la madre de la novia y su padre, el marqués de Villaverde, con el doble objetivo de continuar con el régimen sin Franco y de que la familia ingresara en el ámbito regio.

La boda siguió la línea de boato y derroche de la presentación en sociedad de Nenuca y su posterior casamiento. Se intentó darle un perfil monárquico, sobre todo cuando doña Carmen, ante los dos mil invitados, se inclinaba repetidamente frente a la pareja llamándoles altezas sin que les correspondiera el título. La operación fracasó: Franco no aceptó las presiones y mantuvo a Juan Carlos como su sucesor en la jefatura del Estado con el título de rey.

Cuenta Peñafiel que para la época en la que doña Carmen pretendía evitar que Juan Carlos fuera el heredero de su marido organizó un té con las esposas de los ministros. «Nunca había ofrecido doña Carmen un té. Ese día, en un saloncito, estaban colocadas todas las sillas y allí estaban las ministras (así se les llamaba a las mujeres de los ministros). Todas sospechaban que se trataba de una encerrona. Las invitadas se preguntaban por qué había una silla vacía junto a la de doña Carmen. De pronto aparece su nieta, y doña Carmen se pone de pie y le hace una reverencia, ¡una reverencia! Así, al resto no le quedó más remedio que imitarla. Todo era surrealista. Luego, en vísperas de la boda, se hace un desfile de modelos de una peletería en la calle Jorge Juan, de Madrid. Había muchas invitadas porque iba Carmencita. En el lugar habían colocado un trono en el que se sienta la nieta con cara de estar sentada en un trono verdadero.

Carmencita se lo creyó todo el tiempo. Eso ya era el despiporre. Había que llamarla "alteza", al igual que al primer niño que tuvo, "… que si su alteza ha tomado el biberón". Era *La Corte de los Milagros*».

Carmen Domingo señala que «fue una señora que se dedicó a preservar todo el poder, y por eso intentó gestionar la boda de su nieta, que se casara con un Borbón, que fueran reyes consortes. Pero era el Borbón equivocado, porque Franco se movió con pragmatismo y sostuvo a Juan Carlos».

«El objetivo era —explica Losada— lograr entrar definitivamente en la realeza, pues ella pasaría a ser la abuela de una reina, su nieta, lo que colmaba sus aspiraciones personales. Y por otra parte, asegurar que, tras la muerte de su marido —que cada vez se veía más inminente—, el régimen siguiese siendo fiel a los principios del 18 de julio de 1936 y, de paso, salvaguardar los intereses personales de las clases dirigentes franquistas.»

«Fue evidente —dice Preston— que ese grupo que estaba en El Pardo, manejado en cierto sentido por el yerno, por un lado no quería arriesgar la transición a un monarca que temía podría ser un demócrata.» Este sector fracasó y, «sin eso, yo creo que la transición de España podría haber sido mucho más sangrienta. Ese fue uno de los motivos por los que ese grupo acariciaba la idea de que Franco fuera inmortal, o sea, la idea de que muriese Franco. Y eso se nota cuando Arias Navarro da la noticia y está llorando. Veían caer todo su mundo».

«España no era nazi, como dicen. España era franquista —asegura Carmen Domingo—, porque el ego de Carmen Polo fue lo más claro. Hemos conseguido que España, un país borbónico, sea ahora un país franquista. Para alguien que aspira a este tipo de cosas, debe ser como el *delirium tremens*.»

Hitler pretendía erigir un imperio milenario y destruir a los comunistas, sus enemigos ideológicos y territoriales. Mussolini, quien de joven había tenido ideales socialistas, creyó que podía reconstruir el Imperio romano. Stalin apostaba por la revolución mundial y el triunfo universal del comunismo. ¿Qué buscaba Franco? Lo cierto es que, aunque aparecía como el heredero de los Reyes Católicos y hacía alardes neoimperiales, en realidad quizá buscaba demostrar que todo el mundo se había equivocado con él. A su padre maltratador, que le castigaba y humillaba; a aquellos que se burlaban de él por su estatura y su voz; a los que lo llamaban *Franquito* o el *Comandantín*, como lo denominaban burlonamente en Oviedo, a todos ellos buscaba enrostrarles que era el mejor.

«Mi abuelo fue socialista —agrega Soraya Vega—, de los que tuvieron que subirse al monte escapando. Él me contó quién fue Franco, y lo que significó para este país y para la gente humilde, lo que significó para él y para nuestra familia. En el colegio en las primeras etapas no escuché nada de Franco, pero a medida que pasan los años y en los cursos de Historia algo te van contando, aunque muy liviano.»

Guardiana de la ortodoxia

En los años finales de Franco, se vivían dos Españas: la oficial, encerrada en sí misma, sin contacto con lo que en verdad ocurría, y la real, que si bien tenía que hacer a escondidas las cosas que estaban prohibidas las hacía y todos lo sabían. Si alguien quería comprar la píldora conseguía una farmacia que se las vendía bajo cuerda, si quería recibir un libro prohibido lo encargaba y se lo entregaban en la trastienda de la librería, si quería ver las películas que no se estrenaban en el país iba al otro lado de la frontera, a Francia, donde solían armarse pequeños festivales en los que se veían varios filmes en un fin de semana. El régimen se encontraba tan deteriorado como Franco, pero su corte, y en especial en esos últimos años, estaba motorizada por su mujer, Carmen, quien ejerció una influencia decisiva en muchos de aquellos momentos.

Para muchos, era la pareja perfecta. Ella inyectó toda su ambición en su marido y le convenció de que era el elegido, y que por esa razón poseía el derecho, por ejemplo, de mantener en su dormitorio el brazo incorrupto de santa Teresa, una reliquia muy preciada, y que sus decisiones no podían ser cuestionadas en ningún momento. Por eso, resulta doblemente patético el final del dictador, aquejado por el Parkinson, quebrado en su salud, dedicándose ya sólo a la caza, a la pesca, al cine, muy alejado de la vida política y de lo que estaba sucediendo. Se pasaba todo el día hundido en el sillón y viendo la televisión como un abuelo. Pero Franco no fue nunca simplemente un abuelo, de hecho no dejó nunca de matar: pocas semanas antes de su fallecimiento ratificó las últimas condenas de muerte, a cinco militantes de los grupos terroristas FRAP y ETA, quienes fueron ejecutados pese a que hubo un gran clamor internacional y a que muchísimas personalidades mundiales intercedieron por ellos, entre ellos el papa Paulo VI.

Losada cuenta que «la televisión fue una revolución. Franco

la veía a todas horas con interés, pero ella lo hacía con un ánimo abiertamente censor. Vigilaba constantemente si aparecía un escote demasiado atrevido o unos hombros demasiado desnudos, y llamaba directamente a los estudios para indicar que, inmediatamente, alguna prenda cubriese aquellos excesos de desnudeces. También lo hacía con las fotos de las revistas, que sufrían el cierre por varios meses, multas y hasta castigos penales. Pero sus comentarios censores no sólo se ceñían a temas sexuales; también opinaba sobre los programas en general, las películas emitidas y los locutores, siendo todas sus indicaciones seguidas al pie de la letra. Era la guardiana de la pureza y la ortodoxia, por lo que a la censura oficial se añadía la que "la Señora" dictaba». Carmen Polo se ocupaba personalmente de quejarse ante, por ejemplo, el presidente de Radio y Televisión Española, Adolfo Suárez, por alguna palabra o frase que considerara fuera de lugar.

El círculo familiar de doña Carmen asegura que no era una persona intervencionista. «Tal vez algún directivo de televisión le podía decir: "Si ve alguna cosa que no le gusta llámeme". Y puede que algún día lo hiciese, pero no llamaba a alguien que no conociese, porque era una persona muy discreta. Aunque si coincidía con alguien a quien ella conocía, pues a lo mejor le decía: "Es que me parece que ciertas señoritas que salen en televisión salen un poco ligeras de ropa", "Pues no se preocupe, señora, nos avisa".» Niegan sus allegados que se dedicase a gobernar en las sombras.

Para Preston, «hasta muy, muy tarde, Franco tenía una habilidad realmente increíble, muy maquiavélica, de saber el precio de cada persona con quien tenía que tratar. Y a veces era un paquete de puros, o hacer la vista gorda a algún negocio sucio. A veces era un ministerio. Eso lo manejaba muy bien con las diferentes fuerzas, porque claro, el franquismo no era sólo Franco, era toda una coalición y él llevaba con muchísima destreza a los que le rodeaban».

Una vieja amargada

Al principios de la década de 1960, la dictadura comenzó a debilitarse. Dentro del poder había dos grupos: por un lado los inmovilistas, que pretendían que nada cambiase después de la muerte de Franco, y por otro los sectores que creían que, tras el fin del régimen y de su líder, era inevitable emprender un camino democrático.

Poco después de las últimas ejecuciones franquistas, la salud del dictador se deterioró irreversiblemente y entró en agonía. Estuvieron a su lado su mujer, su hija y su yerno, quienes nada pudieron hacer para prolongarle la vida a pesar de que le mantuvieron enchufado a todo tipo de máquinas. En esos últimos días su hija le ayudó a redactar el testamento, pero después, ya viendo que el sufrimiento era tremendo y el final inevitable, las dos mujeres de Franco, su esposa y su hija, aceptaron lo irremediable y lo desconectaron. Murió el 20 de noviembre de 1975 en la clínica de La Paz, el hospital que él había creado y del que se sentía particularmente orgulloso.

Un símbolo de aquellos años es el Valle de los Caídos, la gigantesca basílica que Franco mandó construir después de la guerra. Es verdaderamente enorme; para que se hagan una idea, la cruz mide ciento cincuenta metros. El caudillo dispuso que se hiciera como un memento de los muertos de la Guerra Civil, incluyendo los dos bandos, el republicano y el franquista, pero con una particularidad: sólo podían ser enterrados los republicanos que fueran católicos.

El Valle de los Caídos está en las montañas de Madrid, a sesenta kilómetros de la ciudad, en una zona muy difícil para construir. De hecho, se demoró desde 1940 hasta 1958. Fue levantado por prisioneros de guerra, quienes se presentaban voluntarios para trabajar porque por cada día de trabajo aquí redimían seis días de condena, y además se permitía que la familia viniera y estuviera en los alrededores. De hecho, durante la construcción se levantaron muchas chabolitas en las que vivían las familias de los presos. Están enterrados treinta y tres mil soldados de ambos bandos y además el fundador de la Falange, José Antonio Primo de Rivera, y Francisco Franco.

Después de la muerte del dictador, doña Carmen se dedicó a organizar el empaquetado y la distribución entre sus propiedades de los objetos que había en El Pardo. De allí partieron camiones y camiones cargados hasta el tope, que nadie supervisó y en los que quizá se haya producido un saqueo del patrimonio nacional. A los cuatro meses de quedarse viuda doña Carmen abandonó El Pardo, y lo hizo llorando con amargas lágrimas. Se fue a vivir a un piso bajo en el centro de Madrid, donde continuó su rutina: siguió siendo tacaña —excepto con sus nietas— y muy religiosa. Dicen que nunca llegó a asumir ni comprender qué había pasado para que en tan poco tiempo su mundo se hubiera derrumbado de esa manera.

Para Losada, «sólo le quedaba actuar ahora como la perfecta

viuda guardiana de la memoria de su marido. Sin embargo, continuó viviendo como una vieja amargada, quejándose de la ingratitud que, según ella, la rodeaba por todas partes... Le habían quitado El Pardo, el coche oficial, parte de la escolta, ya no se inclinaban ante su presencia, no se reconocían los méritos y sacrificios del anterior jefe del Estado, ya no la temían ni respetaban como antes... De vez en cuando se dejaba ver en las reuniones o asambleas de la extrema derecha, gozando de los aplausos y de los gritos de "Franco, Franco", rememorando los viejos laureles».

Carmen Polo murió en 1988 expresando su deseo de reunirse con su marido, cosa que no se cumplió por lo menos en lo atinente a los cadáveres, porque Franco está en el Valle de los Caídos y ella no. A su velatorio acudió la extrema derecha española, y destacó la corona de flores que envió el dictador chileno Augusto Pinochet.

La última estatua de Franco en Madrid se levantaba en la zona conocida como Nuevos Ministerios. Era un monumento ecuestre y fue retirado en 2005. Justamente eso es lo que queda de Franco en la España de hoy: nada.

Se diría que fue un hombre que vivió por encima de sus posibilidades; se casó con una chica guapa, de una clase bien, que estaba por encima de su nivel social. Hizo una rápida y brillante carrera militar por encima de lo que sus despreciativos compañeros de academia le creían capaz, y al final este hombre que era bajito, poco culto, raro, que nunca hablaba de nada, que además tenía una voz aflautada, tendencia a la gordura y al que todo el mundo se refería con sorna terminó rigiendo con mano de hierro los destinos de España durante casi cuarenta años.

Para ello posiblemente contó con la pasividad y la sorpresa de todos aquellos que no esperaban nada de él. Probablemente le subestimaron. Pero además contó con el apoyo esencial, con el empuje, con el acicate insaciable de doña Carmen, su mujer, que siempre intentó hacerlo más grande de lo que era. Y lo logró. Qué tragedia que toda esa energía fuera aplicada para construir un dictador.

Índice

Un vertiginoso rodaje de montaña rusa. Presentación. .   9

Mil veces defraudadas. Las mujeres del Zar Rojo   14
  Un tipo feroz en tiempos feroces   15
  Costumbres bolcheviques   17
  Ludmila de acero   18
  Dulcísima Kato.   19
  Un romántico héroe medieval   22
  Nadia, un amor trágico   23
  Stalin, ¿una especie de tío bromista?   25
  Esposa fugitiva   27
  El vestido negro   30
  Nadia vive.   32
  Los ojos bien abiertos   35
  Los amores de Svetlana   37
  Todo por el poder   39
  Zhenya y varias historias de crueldad.   42
  «Él arruinó mi vida»   47
  Bella y leal Valeshka   49
  Ser hija de Stalin.   53

Un pasado impredecible 55
El Infierno en la Tierra 58

Envenenadas. Las mujeres de Hitler. 60
Una madre muy dulce. 61
Cartas de amor anónimas 63
¿Qué esperan de los hombres las mujeres? 65
Mil rosas para Mimí 68
Mujeres de caderas anchas. 71
Elsa, Gertrud, las dos Helenas y la nuera de Wagner . 73
Geli, la prisionera 75
Unity, otra carta y otra pistola. 78
Magda Göbbels, primera dama del Tercer Reich 82
Eva Braun, una rubia inocente 84
Verduras en el búnker 92
Rosas rojas 95
El almacenero y la Navidad. 101

Estrellas en el cielo raso. Las mujeres del Duce. 105
Cien veces expulsado. 105
La amante del cardenal 109
Mística y violencia 111
Donna Rachele, «el verdadero dictador de la familia». 114
La Sarfatti. 117
¿Histérica y estéril, o patriota y prolífica? La mujer
    en el fascismo. 119
Encuentros fugaces en la Sala del Zodíaco 123
Una carta por día 125
Las otras mujeres del Duce 127

Clara, la que eligió la muerte.   130

Llorar por un cínico   132

Engatusado.   134

¿Amante estúpida o fascista convencida?   136

Cartas de amor que ya son historia   138

Que no se le vean los muslos.   141

«A Dios rogando y con el mazo dando». Las mujeres
  de Franco.   144

Un hijo inepto, ignorante y resentido   145

Simplemente Carmen   148

Una corte grotesca.   152

Una beata con poder.   154

Confesores, capellanes y la mano de santa Teresa   156

Bombones rancios.   157

Sin faltas ni deslices.   161

La collares.   164

Boato, derroche y poder   169

Guardiana de la ortodoxia.   173

Una vieja amargada.   176

Dictadoras, de Rosa Montero
se terminó de imprimir en febrero de 2014
en Quad/Graphics Querétaro, S. A. de C. V.,
Fracc. Agro Industrial La Cruz El Marqués
Querétaro, México.